Die Freundschaft zwischen Marcel Reich-Ranicki und Günter Grass war immer schon von Bewunderung und Zweifel geprägt: Im Frühjahr 1958 lernten sie sich in Warschau kennen. Marcel Reich-Ranicki war damals Kritiker deutscher Literatur, Günter Grass ein noch unbekannter Dichter. Später, im Oktober 1958 während einer Tagung der Gruppe 47, las Grass zwei Kapitel aus dem Roman ›Die Blechtrommel‹, der gleich im nächsten Jahr ein großer Erfolg werden sollte. Seither haben sich beide gegenseitig mit Texten und Kritik begleitet. Dieses Buch versammelt sämtliche Veröffentlichungen von Marcel Reich-Ranicki über Günter Grass und vervollständigt damit die 1992 erschienene Aufsatzsammlung ›Günter Grass‹. So finden sich hier unter anderem der Artikel ›Der gute Grass und die böse Kritik‹ von 1994, die vieldiskutierte Kritik über ›Ein weites Feld‹ aus dem Jahr 1995 und ein Gespräch Reich-Ranickis mit dem ›Spiegel‹ aus dem Jahr 1999, in dem er sich über sein Verhältnis zu Grass äußert.

Marcel Reich-Ranicki, Professor, Dr. h.c. mult., geboren 1920 in Włocławek an der Weichsel, ist in Berlin aufgewachsen. Er war von 1960 bis 1973 ständiger Literaturkritiker der Wochenzeitung ›Die Zeit‹ und leitete von 1973 bis 1988 in der ›Frankfurter Allgemeinen Zeitung‹ die Redaktion für Literatur und literarisches Leben. 1968/69 lehrte er an amerikanischen Universitäten, 1971 bis 1975 war er Gastprofessor für Neue Deutsche Literatur an den Universitäten Stockholm und Uppsala, seit 1974 Honorarprofessor in Tübingen, 1991/92 Heinrich Heine-Gastprofessur an der Universität Düsseldorf. Von 1988 bis 2001 leitete er das ›Literarische Quartett‹. Ehrendoktor der Universitäten in Uppsala, Augsburg, Bamberg, Düsseldorf, Utrecht und München. Goethepreis des Jahres 2002.

Marcel Reich-Ranicki

Unser Grass

Deutscher Taschenbuch Verlag

Ungekürzte Ausgabe
Oktober 2005
Deutscher Taschenbuch Verlag GmbH & Co. KG,
München
www.dtv.de
© 2003 Deutsche Verlags-Anstalt, München
(Die Texte vor 1994 erschienen 1992 in der Aufsatzsammlung
›Günter Grass‹ im Ammann Verlag, Zürich.)
Umschlagkonzept: Balk & Brumshagen
Umschlagbild: ›Selbst mit Mütze und Unke‹ (Radierung, 1992),
aus: Günter Grass, ›In Kupfer, auf Stein‹ /
© Steidl Verlag, Göttingen 1994
Satz: Boer Verlagsservice, München
Druck und Bindung: Druckerei C. H. Beck, Nördlingen
Gedruckt auf säurefreiem, chlorfrei gebleichtem Papier
Printed in Germany · ISBN 3-423-13377-5

*Für Andrzej Wirth
in alter Freundschaft*

Inhalt

Vorbemerkung 9

Auf gut Glück getrommelt 13

Selbstkritik des »Blechtrommel«-Kritikers 19

Unser grimmiger Idylliker 27

Bilderbogen mit Marionetten und Vogelscheuchen 45

Ein deutsches Trauerspiel über ein deutsches
Trauerspiel 59

Poesie im Tageslicht 67

Eine Müdeheldensoße 77

Von im un synen Fruen 89

Gruppe 1647 103

Ein katastrophales Buch 113

War Grass ein bulgarischer Spion? 123

Der Einfaltspinsel in der Rumpelkammer 133

Der gute Grass und die böse Kritik 143

… und es muß gesagt werden. Über »Ein weites Feld« 151

»Ich bedaure nichts« – Ein »Spiegel«-Gespräch 167

Ein Schuft, wer das für Ironie hält 179

Ein Buttessen mit Folgen 183

Banal, populistisch und immer oberflächlich 189

Jenseits des Schreckens tanzende Paare 195

Nachweise und Anmerkungen 205

Zeittafeln 213

Vorbemerkung

Dieses Buch über Günter Grass besteht aus neunzehn Aufsätzen. Der erste erschien am 1. Januar 1960 in der Wochenzeitung »Die Zeit«, der letzte am 30. August 2003 in der »Frankfurter Allgemeinen Zeitung«. Daß ein Kritiker einen zeitgenössischen Schriftsteller über dreiundvierzig Jahre lang kommentierend und polemisierend begleitet, seine Werke lobt und rühmt, beanstandet und ablehnt, aber nie aus dem Auge verliert, geschieht nicht oft. Es zeugt mit Sicherheit zunächst und vor allem vom Rang des Schriftstellers, von dem hier die Rede ist.

Als wir, Grass und ich, uns im Mai 1958 zum ersten Mal sahen, lebte ich in Warschau, wohin mich die Nazis deportiert hatten. Noch war ich in Deutschland, jedenfalls in der Bundesrepublik, so gut wie unbekannt. Noch war Grass ein junger Autor, dessen Anfänge nicht gerade unter einem günstigen Stern standen – seinen ersten Gedichtband, »Die Vorzüge der Windhühner«, hatte die Kritik beinahe ganz ignoriert, sein erstes Stück, »Hochwasser«, war in Frankfurt durchgefallen.

Damals konnten wir nicht ahnen, daß mit dieser Warschauer Begegnung eine langjährige, eine wechselvolle und dramatische Geschichte begann. Sie ist, zumindest in Umrissen, in diesem Buch nachzulesen. Es ist, ohne Umschweife gesagt, auch eine Leidensgeschichte. Beide haben wir gelitten: ich an manchem, was Grass geschrieben hat, er an manchen, nicht wenigen, meiner Kritiken über seine Bücher. Er hat gegen mich gelegentlich politische Vorwürfe erhoben, die mich schmerzten, weil sie aus der Luft gegriffen waren. Aber was er gegen mich schrieb oder in Interviews sagte, war nie Rache, sondern immer Selbstverteidigung, die Verteidigung eines Schriftstellers, der sich ungerecht, ja vielleicht sogar gemein und niederträchtig behandelt fühlte.

Darüber, was Grass mir angetan hat, lohnt es sich nicht zu reden. Denn verglichen mit dem, was ihm von mir angetan wurde, ist es verschwindend wenig. War ich immer ihm gegenüber gerecht? Die Frage scheint mir nahezu absurd. Ein Kritiker, der sich jahrzehntelang über einen Autor äußert und immer gerecht war, ist unvorstellbar.

Nein, die Gerechtigkeit ist nicht Sache der Kritik, die in der Regel unmittelbar, mehr oder weniger spontan auf neue Bücher reagiert. Es ist schon viel, wenn man dem Kritiker subjektive Ehrlichkeit bescheinigen kann. Das Streben nach möglichst makelloser Gerechtigkeit überlasse man den Literarhistorikern. Sie erscheinen auf der Szene, wenn die Schlacht längst geschlagen ist, und können aus der Perspektive von Jahrzehnten oder auch Jahrhunderten gemächlich urteilen.

Doch will ich nicht verschweigen, daß ich meine im Laufe der Zeit entstandenen Arbeiten über Grass heute mit, um es vorsichtig auszudrücken, gemischten Gefühlen lese. Bisweilen verwundert mich die Strenge und Schärfe dieser oder jener Kritik, manch eine Formulierung scheint mir übertrieben. Gelegentlich frage ich mich, ob meine hier und da spürbare Aufregung denn nun wirklich angebracht oder gar nötig war.

Gleichwohl habe ich in diesen Aufsätzen nichts korrigiert oder retuschiert, ich habe kein einziges Wort geändert. Da aber die einzelnen Aufsätze nicht nur Teile des Ganzen sein sollen, sondern zugleich selbständige Einheiten, die auch allein gelesen werden können und sich allein verantworten, waren Wiederholungen und Überschneidungen nicht immer vermeidbar. Nun wäre es ein leichtes, solche Schönheitsfehler zu beseitigen: Es genügte ja, die Wiederholungen zu streichen. Nur stellte sich heraus, daß dies immer eine Einbuße bedeuten würde, daß ich also den entsprechenden Aufsatz ärmer gemacht hätte. Das wollte ich nicht – und die Leser werden, hoffe ich, für diese Entscheidung Verständnis haben.

Nach jedem Beitrag und überdies im Anhang wird auf das Datum der Erstveröffentlichung verwiesen. Für diesen Zeitpunkt gilt, was ich damals publiziert habe. Ich kann, was ich vor zwanzig oder dreißig Jahren geschrieben habe, nicht revidieren. Warum?

Woher sollte ich denn die Sicherheit haben, daß ich, dem damals Irrtümer unterlaufen sind, mich jetzt nicht wieder irre? Und müßte ich nicht eine jetzt eventuell berichtigte Kritik nach Verlauf weiterer Jahre abermals überarbeiten?

Die Weigerung, eine alte Kritik aus heutiger Sicht zu ändern, hat nichts mit Hochmut zu tun, vielmehr eher mit der Einsicht in die Grenzen meiner literarkritischen Möglichkeiten. Das soll heißen: Mein heutiges Urteil würde natürlich anders ausfallen als das frühere, aber ich kann nicht wissen, ob es wirklich richtiger wäre.

Eine ganz andere Situation ist gegeben, wenn ein Kritiker ein von ihm beurteiltes Buch nach Jahren noch einmal liest, jetzt einen gänzlich anderen Eindruck gewinnt, doch nicht etwa seine frühere Kritik revidiert, sondern eine neue schreibt. Ich habe dies getan, der entsprechende Aufsatz (die »Blechtrommel« betreffend) ist in diesem Buch zu finden.

Die Zweifel an meinen Arbeiten über Grass haben mich – wie man sieht – nicht gehindert, diese Arbeiten noch einmal den Lesern vorzulegen. Vielleicht deshalb, weil ich hoffe und glaube, daß meine Bemühungen um das Werk dieses so ungewöhnlichen Schriftstellers letztlich, ungeachtet aller Irrtümer und Fehleinschätzungen, der deutschen Literatur der Gegenwart gedient haben und wohl nach wie vor dienen können.

Übrigens: Ich hätte, heißt es vorher, an manchem aus der Feder von Grass gelitten. Daß mir aber vieles von ihm bereitet hat, was Literatur bereiten sollte, nämlich Freude und Vergnügen, das versteht sich wohl von selbst. Sonst hätte ich ihn doch nicht immer wieder gelesen und jedes seiner Bücher ungeduldig erwartet. Gerade habe ich seinen Gedichtband »Letzte Tänze« ergriffen zur Kenntnis genommen. Und schon warte ich wieder, warte ich weiter.

Frankfurt am Main, im August 2003   M. R.-R.

Auf gut Glück getrommelt

Der zweiunddreißig Jahre alte Günter Grass, dessen ungewöhnlich lauter und in die Länge gezogener Trommelwirbel den Enthusiasmus fast der gesamten deutschen Kritik hervorgerufen hat, ist tatsächlich ein geborener, wenn auch vorläufig noch keineswegs ein guter Erzähler. Ein origineller und überdurchschnittlicher Schreiber, ganz gewiß; aber doch von der Sorte jener geigenden Zigeunervirtuosen, deren effektvolles Spiel das Publikum zu hypnotisieren vermag.

Zigeunermusik in allen Ehren: sie ist urtümlich und wild, leidenschaftlich und zügellos, strotzt von Vitalität und elementarer Musikalität. Die scheinbar mühelos beherrschte Technik imponiert nicht weniger als das unverfälschte Temperament, die häufigen Tricks werden mit Beifallsstürmen belohnt. Bisweilen wird man von dem Geiger – vor allem wenn man etwas getrunken hat – ganz und gar überwältigt. Und was wäre dagegen einzuwenden? Überhaupt nichts. Die Sache wird erst bedenklich, wenn man virtuose Darbietungen dieser Art mit Kunst zu verwechseln beliebt.

Dem Erzähler sprudelt es nur so von den Lippen. Da gibt es mitunter Wortkaskaden von außerordentlicher

Vehemenz und großartigem Schwung. Wenn er eine gute Stunde hat, dann hämmert und trommelt er mit einer Wut und einem rhythmischen Instinkt, daß es einem beinahe den Atem verschlägt. Man freut sich bei diesen Furiosos, daß einer in deutscher Sprache so penetrant und geschickt schmettern kann. Es wallet und siedet und brauset und zischt, wie wenn Wasser mit Feuer sich mengt. Nicht selten ist das Feuer dieser Prosa echt. Aber von dem Wasser ist allzuviel da – und wir haben es nicht immer mit sauberem Wasser zu tun.

Seine große stilistische Begabung wird dem Grass zum Verhängnis. Denn er kann die Worte nicht halten. Sie gehen mit ihm durch. Er wird immer wieder geschwätzig. Wäre der Roman um mindestens zweihundert Seiten kürzer, er wäre – wenn auch sicher kein bedeutendes Werk – doch weit besser. Im Klappentext heißt es: »Von der Fülle an Stoff, die er allein in der »Blechtrommel«[1] mitteilt, lebt mancher Romancier ein Leben lang.« Das stimmt haargenau, nur daß es in der Literatur viel weniger auf die mitgeteilte »Fülle an Stoff« ankommt als darauf, was ein Schriftsteller aus dem Stoff zu machen weiß.

Viele seiner Einfälle verarbeitet Grass überhaupt nicht – in dem überladenen Prosagebilde treffen wir immer wieder auf unverdaute und vielleicht auch unverdauliche Brocken. Und da die »Blechtrommel« von der anekdotischen Szene lebt, werden dem Autor seine Lust am Fabulieren und seine manchmal bewundernswerte Phantasie schließlich zum Verhängnis. Von der Kunst des Weglassens scheint er vorerst keinen Schimmer zu haben.

Grass ist auch ein Mann mit sehr originellem, meist makabrem Humor und mit viel Witz. Manche Witze sind auf bestem kabarettistischem Niveau. Aber wenn einer über siebenhundert Seiten lang um jeden Preis witzig sein will und an fast chronischer Geschmacklosigkeit leidet, müssen ihm natürlich zahllose schäbige Witzeleien unterlaufen. Auch sein Humor wird ihm zum Verhängnis.

Das Ganze ist als satirisches, zeitkritisches Gemälde der Jahre 1924 bis 1954 gedacht. Der in einer Irrenanstalt befindliche Oskar Matzerath erzählt die Geschichte seines Lebens. Von einem Entwicklungsroman in klassischem Sinne kann nicht die Rede sein, denn Oskar »gehörte zu den hellhörigen Säuglingen, deren geistige Entwicklung schon bei der Geburt abgeschlossen ist und sich fortan nur noch bestätigen muß«.

Im Alter von drei Jahren beschließt Oskar, nicht mehr zu wachsen – er bleibt also vierundneunzig Zentimeter groß. Was soll dieser monströse Zwerg-Held? Nun, zunächst reizte Grass wohl der uralte, vom Film zu Tode gerittene Märchentrick, eine phantastische Figur in eine streng realistisch geschilderte Welt einzuführen. Überdies wollte er vermutlich die Perspektive des völlig unvoreingenommenen und höchst scharfsichtigen Beobachters verwerten, der – da er von allen für ein Kleinkind gehalten wird – außerhalb der gezeigten Welt steht, doch stets zu ihr Zugang hat. Oskar wurde also – um das kleinbürgerliche Milieu in Danzig vor und während des Krieges zu beobachten – mit einer Art Tarnkappe versehen.

Der Einfall ist nicht übel; leider vermochte Grass nicht viel aus ihm zu machen. Nur in einer einzigen Szene war ihm die Zwergfigur des Helden zu einem allerdings glänzenden Effekt nützlich. Während einer Nazi-Kundgebung versteckt sich der Kleine mit seiner Trommel unter der Tribüne, auf der HJ-Trommler postiert sind. Da ein Mikrophon in der Nähe ist, gelingt es dem trommelnden Oskar, die offiziellen Trommler durcheinanderzubringen, die statt der vorgeschriebenen Marschrhythmen schließlich einen Charleston trommeln, wodurch die ganze Kundgebung kläglich zusammenbricht. Das ist großartig geschrieben. Welch ein Sketch! Aber ach, ein Sketch nur!

Phantasie ohne epischen Atem ist im Roman verhängnisvoll. So wird beispielsweise Oskar mit der Gabe ausgestattet, durch seine schrille Stimme Glas zu zerbrechen. Diese Fähigkeit ist zunächst nur Abwehrwaffe des Zwergs gegen die verachtete Welt der Erwachsenen. Da das Verteidigungs-Singen mit der Zeit langweilig wird, läßt Grass seinen Helden später Schaufenster von Juwelierläden zerschreien, um verschiedenen Personen Diebstähle zu ermöglichen. Was hätte ein wirklicher Romancier aus diesem kuriosen Einfall gemacht! In der »Blechtrommel« dient er allenfalls zu einigen ziemlich banalen Bemerkungen über die Unehrlichkeit der Menschen.

Schließlich läßt Grass die ganze Glaszersingerei fallen, denn für die Darstellung der Nachkriegsabenteuer Oskars scheint sie ihm nicht mehr nützlich zu sein. Die Handlung spielt jetzt vor allem in Düsseldorf, der Held schlägt sich als Steinmetz, Malermodell und Jazz-Musiker durch. Da für diese nicht ungewöhnliche Laufbahn ein Zwerg nicht brauchbar war, läßt Grass seinen Oskar ganz einfach um noch dreißig Zentimeter wachsen und versieht ihn bei dieser Gelegenheit mit einem Buckel.

Die Vision der Hunger- und Wirtschaftswunder-Jahre ist schon ganz und gar schwunglos und uninteressant.

Aber plötzlich hat Grass wieder einen bewundernswerten Einfall. Ein elegantes Lokal wird gezeigt, das die Gäste nur dazu aufsuchen, um gemeinsam Zwiebeln zu schneiden, wodurch sie erreichen, »was die Welt und das Leid dieser Welt nicht schafften: die runde menschliche Träne ... Da wurde endlich wieder einmal geweint. Anständig geweint, hemmungslos geweint.«

Dieser Szene möchte Grass aber unbedingt eine zusätzliche (höchst überflüssige) Pointe aufsetzen. Dank der hypnotisch wirkenden Trommelei Oskars werden die Gäste in ihre Kinderzeit versetzt. Sie sind entzückt und »befriedigten ein Kleinkinderbedürfnis, näßten, alle, die Damen und die Herren näßten ... pißpißpißpiß machten sie, näßten alle die Höschen und kauerten sich dabei nieder«.

Den Vorgängen des Urinierens und Erbrechens widmet Grass immer wieder seine besondere Aufmerksamkeit. Er schildert auch einen Notzuchtversuch an einer religiösen Holzfigur und berichtet, wie sein im Schrank versteckter Held onaniert.

Wir sind durchaus nicht schockiert. Nichts Menschliches und Allzumenschliches braucht der Schriftsteller zu umgehen. Aber er muß uns durch sein Werk überzeugen, daß die Berücksichtigung dieser Vorgänge notwendig oder zumindest nützlich war. Das vermag Grass nicht. Die meist präzisen und bisweilen wollüstigen Schilderungen seiner Art ergeben nichts für seine Zeitkritik.

Auch ist die geradezu kindische Wonne, die dem Autor seine Provokationen bereiten, recht bedenklich. Sartre sagte einmal, die Worte des Schriftstellers seien »geladene Pistolen« und der Schriftsteller müsse »wie ein Mann auf ein Ziel schießen und nicht wie ein Kind auf gut Glück, mit geschlossenen Augen und nur, um vergnügt das Knallen zu hören«.[2]

Gewiß hält Grass die Augen nicht geschlossen. Manche seiner bissigen Gedichte schienen von wirklichem Nonkonformismus zu zeugen. In der Blechtrommel lenkt ihn jedoch eine ungebändigte Phantasie meist von der wesentlichen Problematik der letzten Jahrzehnte ab. Das »Knallen«, das ihm unendliche Freude bereitet, ist nur Trommelei – und die Trommel ist aus Blech. Die Echtheit der Aggressivität wird oft in Frage gestellt, und die Auseinandersetzung mit der Zeit wird von Spielereien oder Schaumschlägereien verdrängt.

Was wird aus dem Grass werden? Ja, wenn er Schauspieler wäre, würde man sagen, dieser wilden Begabung solle sich sofort der beste und energischste deutsche Regisseur annehmen. Aber für Schriftsteller gibt es bekanntlich weder Regisseure noch Lehrmeister. Sie müssen ganz allein mit sich fertig werden. »Die Blechtrommel« ist kein guter Roman, doch in dem Grass scheint – alles in allem – Talent zu stecken. Er muß mit den Feinden seines Talents kämpfen – sie sind in seiner eigenen Brust zu finden. Wir wünschen ihm sehr, sehr viel Glück.

1960

Selbstkritik des
»Blechtrommel«-Kritikers

Natürlich sind mir in meiner literarkritischen Arbeit allerlei mehr oder weniger ernsthafte Irrtümer unterlaufen. Man sollte jedoch zwei Arten von Irrtümern unterscheiden. Zunächst einmal gibt es Fehler, Versehen und Mißverständnisse, die auf ein Versagen zurückzuführen sind. Wahrscheinlich könnte nur ein Psychoanalytiker die Ursache derartiger Fehlleistungen ermitteln. Sie betreffen in der Regel Einzelheiten und Teilaspekte des betrachteten Gegenstandes, können aber in extremen Fällen zur falschen Beurteilung ganzer Bücher führen. Also darf man derartige Irrtümer nicht unterschätzen, doch geht aus ihnen kaum mehr hervor als die Erkenntnis, daß auch Kritiker Menschen sind.

Ungleich wichtiger scheinen mir jene Irrtümer zu sein, denen nichts Zufälliges anhaftet und die im unmittelbaren Zusammenhang mit den Anschauungen des Kritikers stehen, die also durch diese Anschauungen ermöglicht, wenn nicht gar verursacht wurden. Von solchen Irrtümern in meiner Arbeit – und nicht von gelegentlichen Verwechslungen oder Mißverständnissen – möchte ich hier sprechen.

Ich bin Anhänger einer engagierten Literatur. Ich glaube, daß Schriftsteller sich nicht damit begnügen dürfen, das Leben mit reizvollen Arabesken zu schmücken und allerlei Ornamente beizusteuern. Ich glaube, daß es ihre Hauptaufgabe ist, bewußt in einer bestimmten Richtung zu wirken, also auf ihre Zeitgenossen Einfluß auszuüben. Daher suche ich in der Literatur, zumal in der erzählenden Prosa, vor allem die Auseinandersetzung mit den großen moralischen Fragen der Gegenwart.

Die Kritik ist aber – wie es in dem Goethe-Essay von Curtius heißt – nichts anderes als »die Form der Literatur, deren Gegenstand die Literatur ist«.[1] Wer also vom Romancier oder Dramatiker erwartet, daß er sich engagiert, muß es ebenfalls vom Kritiker fordern: Auch den Kritiker verpflichtet die Auseinandersetzung mit den zentralen moralischen, philosophischen und ideologischen Problemen unserer Zeit. Hierdurch können jedoch gefährliche Irrtümer entstehen – dann nämlich, wenn der engagierte Kritiker dem Autor, der gewichtige Fragen behandelt und dessen Anschauungen ihm willkommen sind, einen besonderen Preisnachlaß für die künstlerische Leistung gewährt.

Zugleich fordert der Begriff »engagierte Kritik« eine eindeutige Stellungnahme zu den literarischen Phänomenen der Gegenwart. Der Kritiker muß sich entscheiden können, er hat klar »ja« oder »nein« zu sagen und das Risiko, das mit einem solchen Votum verbunden ist, auf sich zu nehmen. Wer dieses bisweilen große Risiko scheut, soll sich einen anderen Beruf aussuchen.

Selbstverständlich gibt es auch Bücher, auf die teilweise mit einem bedächtigen »Nein« und teilweise mit einem zögernden »Ja« reagiert werden muß. Aber ihre Zahl ist nicht so groß, wie die Lektüre der Kritiken in der Bundesrepublik vermuten läßt. Unser literarisches Leben strotzt von vorsichtigen »Jein«-Sagern. Bevor sie sich über ein Buch äußern, warten sie erst einmal zehn andere Rezensionen ab und sichern sich dann noch nach allen Seiten ab.

Nicht weniger schädlich sind die konsequenten Alleslober, die ewigen Hymniker, die das Vertrauen der Leser zur Kritik untergraben. Als derartige Alleslober erweisen sich häufig Romanciers und Lyriker, die Buchbesprechungen schreiben. Diese »Sonntagsjäger« der Kritik möchten sich niemanden verärgern, denn sie sehen in jedem Autor einen potentiellen Rezensenten des Romans oder Gedichtbands, an dem sie gerade arbeiten.

Die Irrtümer der »Jein«-Sager fallen kaum auf; es handelt sich ja meist – da sie zu feige sind, um sich festzulegen – nur um halbe Irrtümer. Den Alleslobern wiederum gelingt es häufig, besonders krasse Fehlurteile zu vermeiden, weil sie in der Regel – abgesehen von den Hymnen, die sie den tatsächlich guten Büchern widmen – nicht das ganz Schlechte hochloben, sondern das Farblos-Mittelmäßige.

Der Kritiker hingegen, der sich einem Kunstwerk mit voller Verantwortung stellt, der seine Überzeugung dem Leser ungeschminkt mitteilt und seine ganze kritische Autorität für oder gegen ein Buch in die Waagschale wirft, wird am meisten vom Irrtum bedroht. Mephisto sagt jedoch im zweiten Teil des »Faust«: »Wenn du nicht irrst, kommst du nicht zu Verstand.« So meine ich, daß sogar die irrtümlichen Urteile der engagierten Kritiker nützlicher sind als die unverbindlichen und lauwarmen Äußerungen der »Jein«-Sager – von den opportunistischen oder verlogenen Besprechungen der Alleslober ganz zu schweigen.

Nun werden aber Urteile von Richtern gefällt – in der Tat bezeichnet man Kritiker oft als Kunstrichter. Ich für meinen Teil muß dagegen protestieren. Sosehr ich hoffe, ein engagierter Kritiker zu sein, so wenig möchte ich mit einem Richter verglichen werden. Ich trete, glaube ich, in einer ganz anderen Rolle auf. Nicht Urteilssprüche sind meine Kritiken, sondern Plädoyers.

Zunächst bin ich verpflichtet, den Autor, dessen Buch ich rezensiere, zu verteidigen. Mit Geduld, mit liebevoller Teilnahme, mit Herzlichkeit muß ich sein Werk untersuchen. Ich muß es mit allen mir zu Gebote stehenden Mitteln zu seinen Gunsten deuten und dem Leser so vorteilhaft wie möglich präsentieren. Ich habe, wenn es um seine schwachen Seiten geht, auf mildernde Umstände hinzuweisen. Und es ist meine Hauptaufgabe, alle diejenigen ästhetischen, intellektuellen und moralischen Aspekte und Motive seines Werkes zu betonen, die ihm, dem Autor, die Anerkennung, die Sympathie, vielleicht sogar die Liebe des Publikums sichern können. Kurzum: Mein Autor ist mein Mandant, mein Klient, mein Schützling. Ich habe ihm zu dienen, seine Sache zu vertreten.

Aber hätte ich nur diese eine Funktion – meine Arbeit wäre weit einfacher. Der Verteidiger muß jedoch zugleich ein Ankläger sein. In wessen Namen klage ich eigentlich an? Des Publikums? Gewiß nicht, denn ich habe vom Publikum keinerlei Auftrag erhalten. Im Namen der Zeitung, für die ich schreibe? Nein. Die Redaktion darf auf die Tendenz meiner Kritik keinen Einfluß ausüben. Der Kritiker repräsentiert nur sich selber – und nicht etwa ein Kollektiv.

In wessen Namen also klage ich an? Die ehrliche Antwort auf diese Frage klingt pathetisch: im Namen der Literatur. Ich muß jede Seite des neuen Werks mißtrauisch lesen, ich muß es hartnäckig anzweifeln. Ich habe alles Schwache, Fragwürdige und Schlechte im Gegenstand der Betrachtung zu suchen. Es ist meine Aufgabe, dem Autor auf die Schliche zu kommen, ihn zu entlarven. Im Interesse der Literatur kann ich nicht zu streng sein. Mein Schützling ist auch mein Opfer.

Zwei Seelen wohnen also in des Kritikers Brust, in zwei Rollen tritt er gleichzeitig auf: als Rechtsanwalt und als Staatsanwalt. Das Ergebnis des Kampfes dieser beiden Seelen, des Gefechts auf dem Feld derartiger dialektischer Spannungen, die Summe der beiden Plädoyers, des verteidigenden und des anklagenden – das ist die Kritik, die dem Leser dienen will und dem Autor, der Literatur und unserer Zeit. Die Urteile hingegen werden, meine ich, nicht von uns, den Kritikern, gefällt, sondern später einmal von den hohen Richtern, den Literaturhistorikern.

Wer das Amt des Kritikers in diesem Sinne auffaßt, wer eine lebendige, militante, dialektische Auseinandersetzung mit der zeitgenössischen Literatur anstrebt, wer mutige und eindeutige Sofortreaktionen der Kritik fordert – der muß mit Irrtümern rechnen, der muß sie in Kauf nehmen. Denn oft bedarf das Plädoyer bereits nach wenigen Jahren einer Korrektur. Nach abermaliger Lektüre erscheint der Roman oder der Erzählungsband in einem anderen Licht. Der Kritiker sieht, daß er bei der ersten Begegnung mit dem Buch dem Ankläger oder dem Verteidiger in seiner Brust zuwenig Widerstand geleistet hat. Aus heutiger Sicht war sein damaliges Plädoyer irrtümlich. Und es ist sehr bedauerlich, daß wir Kritiker uns nur selten zu einer so belehrenden Selbstkontrolle unserer beruflichen Tätigkeit entschließen können oder wollen.

Am 1. Januar 1960 brachte »Die Zeit« meine Kritik des Romans »Die Blechtrommel« von Günter Grass. Ich sagte damals, der Anfänger Grass sei ein ungewöhnlicher, ein überdurchschnittlicher Erzähler, ich rühmte seinen originellen Humor, seine bewunderungswürdige Phantasie und seine sprachliche Kraft. Andererseits schrieb ich – übrigens weit ausführlicher – über das alles, was mir an der Blechtrommel fragwürdig oder geradezu schlecht zu sein schien. Ich meinte, der Autor habe von der Kunst des Weglassens keinen Schimmer und sei sogar geschwätzig. Ich bedauerte, daß er seine teilweise großartigen Einfälle episch auszuwerten nicht imstande sei. Ich beanstandete Geschmacklosigkeiten und Schaumschlägereien, ich warf Grass vor, er habe es bisweilen darauf abgesehen, die Leser um jeden Preis zu schockieren, ihm sei hier und da an einem primitiven Bürgerschreck gelegen, der die Ernsthaftigkeit und die Aggressivität seines Buches in Frage stelle.

Das alles war im großen und ganzen richtig. Dennoch könnte ich diese Kritik nicht mehr unterschreiben. Ich würde heute die Akzente anders setzen und mich insbesondere mit dem Neuartigen in der Prosa von Grass viel eingehender befassen. Warum habe ich es damals nicht getan? Und warum zeichnet sich meine Kritik durch einen besonders gereizten und enragierten Ton aus? Mich hatte die leidenschaftliche, ja wilde Kraft dieses Erzählers beeindruckt. Aber er hatte mich zugleich enttäuscht. Ich konnte mich nicht damit abfinden, daß Grass seine Vitalität nicht gezügelt und sein Temperament nicht beherrscht hatte. Ich meinte, hier werde eine große Begabung verschleudert. Ich hielt es für meine Pflicht, den Autor zu warnen und das Publikum zur Skepsis aufzurufen. Daher habe ich in meinem Plädoyer vor allem den Ankläger sprechen lassen – und ebendadurch wurden die Proportionen entstellt.

Aber ich muß meiner vor drei Jahren geschriebenen Kritik noch etwas vorwerfen. Es handelt sich um den Helden der »Blechtrommel«. Warum hat Grass einen monströsen Zwerg in den Mittelpunkt gestellt? Ich schrieb, es habe ihn gereizt, »eine phantastische Figur in eine streng realistisch geschilderte Welt einzuführen«. Weiter hieß es in meiner damaligen Kritik: »Überdies wollte er vermutlich die Perspektive des völlig unvoreingenommenen und höchst scharfsichtigen Beobachters verwerten, der – da er von allen für ein Kleinkind gehalten wird – außerhalb der gezeigten Welt steht, doch stets zu ihr Zugang hat. Oskar wurde also ... mit einer Art Tarnkappe versehen.«

Das war alles richtig. Und doch bin ich der Gestalt des Helden und somit der Konzeption des Romans »Die Blechtrommel« mit diesen Bemerkungen nicht gerecht geworden. Denn Oskar protestiert physiologisch und psychisch gegen die Existenz schlechthin. Er beschuldigt den Menschen unserer Zeit, indem er sich zu seiner Karikatur macht. Der totale Infantilismus ist sein Programm. Er verkörpert jenseits aller ethischen Gesetze und Maßstäbe die absolute Inhumanität. Das hätte ich damals schreiben sollen. Ich habe es leider nicht geschrieben.

So muß ich gestehen, daß meine private literarkritische Methode – wenn dieses Wort nicht viel zu hoch gegriffen ist – Irrtümer keineswegs ausschließt, ja sie mitunter sogar begünstigt. Und doch sehe ich keine andere Möglichkeit, keinen besseren Weg zu einer fruchtbaren Auseinandersetzung mit der Gegenwartsliteratur als die unentwegte kritische Diskussion mit den Autoren. Oder richtiger gesagt: mit ihren Werken. So will ich nicht als Kunstrichter urteilen, sondern weiter Plädoyers schreiben – des Verteidigers wie des Anklägers. Als Trost bleibt die stille Hoffnung, die heimliche Zuversicht, daß auch die Irrtümer, die der Kritik auf der Suche nach der Wahrheit unterlaufen, letztlich doch der Literatur dienen.

Brechts Held, der Herr Keuner, wurde gefragt, woran er arbeite. Er antwortete: »Ich habe viel Mühe, ich bereite meinen nächsten Irrtum vor.« Das gilt auch für Kritiker, jedenfalls für mich. Sollte also der Westdeutsche Rundfunk in Zukunft noch einmal eine Sendereihe »Selbstkritik der Kritiker« veranstalten, dann werde ich gewiß – sosehr ich es auch vermeiden möchte – mit neuen Irrtümern zur Verfügung stehen.

1963

Unser grimmiger Idylliker

Von unten her wird die Welt gezeigt – im spanischen Schelmenroman des sechzehnten Jahrhunderts ebenso wie in der »Blechtrommel«, mit der Günter Grass im Jahre 1959 seinen schriftstellerischen Ruhm begründet hat. Bei den alten Spaniern ist der Blickwinkel des Ich-Erzählers und Helden vor allem von seiner gesellschaftlichen Position abhängig: Er steht in der Regel auf der niedrigsten Sprosse der sozialen Leiter. Mithin bestimmt sein Stand seine Sicht. Nicht so bei Grass, wenngleich er dem klassischen Schelmenroman viel zu verdanken hat Er faßt die traditionelle Perspektive seiner literarischen Ahnen im wörtlichen Sinne auf: Oskar Matzerath, der Held der Blechtrommel, betrachtet die Welt tatsächlich von unten. Denn er mißt nur vierundneunzig Zentimeter.

Aber sein Verhältnis zum Dasein ist nicht etwa durch seine Körpergröße bedingt. Hingegen wird seine Körpergröße – so absonderlich dies auch klingen mag – durch seine Haltung verursacht. Schon bei der Geburt ist seine geistige Entwicklung abgeschlossen. Daher kann ihm das Leben bereits im ersten Augenblick mißfallen – eigentlich noch bevor er von der Hebamme abgenabelt wurde. Und drei Jahre später beschließt er, keinen Fingerbreit mehr

zu wachsen. Er bleibt nicht nur körperlich ein Dreijähriger. Er demonstriert der Umwelt auch den Habitus eines
kleinen Kindes.

Somit protestiert er physiologisch und psychisch – nicht
gegen eine Gesellschaftsordnung, nicht gegen bestimmte
Erscheinungen oder Bereiche des Daseins, sondern gegen die Existenz schlechthin. Er bleibt klein, weil er die
Welt ablehnt. Der totale Infantilismus ist sein Programm.
Oskar beschuldigt also den Menschen unserer Zeit,
indem er sich zu seiner Karikatur macht. Er protestiert,
indem er sich selber verunstaltet. Einen (allerdings ironisch gezeichneten) Professor, der im letzten Teil des
Romans auftritt, läßt Grass in der Figur des gnomenhaften
Blechtrommlers »das zerstörte Bild des Menschen« sehen,
das »anklagend, herausfordernd, zeitlos« sei, aber »dennoch den Wahnsinn unseres Jahrhunderts« ausdrücke.

Im alten Schelmenroman ist die Welt unmoralisch und
schlecht, ungerecht und böse. Um das Leben überhaupt
bestehen zu können, darf der Held lügen und betrügen
und sich allerlei unerlaubter Mittel bedienen. Sein Verhalten wird mehr oder weniger deutlich vom Verfasser
gerechtfertigt. Wie sich jedoch aus der »Blechtrommel«
eine negative Beurteilung der Welt nicht mehr ergeben
kann, weil sie von dem deutschen Autor des Jahrgangs
1927 als selbstverständlich vorausgesetzt wird, so sucht
auch Grass für die Taten seines Oskar Matzerath keinerlei moralische Legitimation. Mehr noch: er läßt für ihn
keine ethischen Gesetze und Maßstäbe gelten.

Jenseits aller Grundsätze des menschlichen Zusam-
menlebens verkörpert der abstoßende Zwerg die absolute
Inhumanität, die grausame, alle Differenzierung aus-

schließende Amoralität des kleinen Kindes. Über Oskars »bewußt gesetzten kunstvollen, erbarmungslosen Infantilismus« schrieb Joachim Kaiser: »So wie in den Kompositionen, mit denen Strawinsky seine neoklassizistische Periode einleitete, der kindliche Habitus zur Fratze geriet, die dort der Erwachsenenwelt als das einzig gemäße Spiegelbild entgegenblickt, so stellt Grass zwischen dem Seelenleben des Kindes, archaischer Grausamkeit und den Äußerungen des Vor-Ichlichen, wie sie in allen barbarisch-diktatorischen Umtrieben bemerkbar werden, einen schlagenden Zusammenhang her.«[1]

Der moralische Infantilismus des Blechtrommlers erweist sich in vielen Teilen des Romans als literarisch sehr ergiebig. Denn Oskar ist nicht nur der Held, nicht nur ein eigenwilliges und makabres Sinnbild der makabren Reaktion des Autors auf eine Welt, die ihm gänzlich absurd scheint – Oskar fungiert auch und vor allem als der vorgeschobene Berichterstatter des Autors. Grass versucht, das Leben tatsächlich mit den Augen seines epischen Mediums wahrzunehmen. Der kleine Oskar hat den ganz und gar unbelasteten, von keinerlei Zivilisationserscheinungen beeinflußten und daher von Vorurteilen freien Blick des Kindes. Er sieht und schildert mit derselben hartnäckigen Sachlichkeit und derselben Exaktheit die Röcke seiner Großmutter, die Einrichtung eines Zimmers und den Geschlechtsteil einer Christusfigur, eine politische Kundgebung, einen Sexualakt und eine Beerdigung.

Diese programmatisch unvoreingenommene und konsequent amoralische Betrachtungsweise verbindet Grass jedoch nicht nur mit kaltherzig-präziser Beobachtung, sondern zugleich mit der Erfahrung dessen, der sich im

Leben auskennt. Beschreibung und ironische Reflexion, Darstellung und kritischer Kommentar gehen unbekümmert ineinander über – denn schließlich ist Oskar primitiv und weise zugleich, ein kleines Kind und ein Wesen ohne Alter. Beispiele hierfür finden sich in jedem Kapitel der »Blechtrommel«, eines sei angeführt. Oskar beobachtet in der Kirche die betende Maria Matzerath, seine Stiefmutter und spätere Geliebte:

»Das katholische Beten stand ihr. Sie sah hübsch und malenswert in ihrer Andacht aus. Das Beten verlängert die Wimpern, zieht die Augenbrauen nach, heizt die Wangen ein, macht die Stirn schwer, den Hals biegsam und bewegt die Nasenflügel. Fast hätte mich Marias schmerzlich aufblühendes Gesicht zu Annäherungsversuchen verführt. Doch soll man Betende nicht stören, Betende weder verführen noch sich selbst durch Betende verführen lassen, auch wenn es Betenden angenehm und fürs Gebet förderlich ist, einem Beobachter betrachtenswert zu sein.«

Überdies ist der Infantilismus nicht nur Oskars Schutzpanzer und die Manifestation seines totalen Protests, sondern auch seine Maske und Tarnkappe. Da ihn alle für ein kleines Kind halten, wird ihm immer eine Sonderstellung zuteil: Er befindet sich außerhalb und zugleich doch innerhalb der dargestellten Welt. Er beobachtet sie aus größter Entfernung, und sie bleibt ihm doch stets zugänglich. Verfremdende Distanz und vertrauliche Nähe – beides ist fortwährend möglich. Von dieser niedrigen Warte aus kann Grass bisweilen manche Eigentümlichkeiten und Gewohnheiten der Menschen, manche Erscheinungen und Details des Lebens sichtbar machen, die vielleicht unbeachtet geblieben wären. Zugleich wird vieles – ganz bewußt – deformiert. Von unten her gesehen, von einem trommelnden Zwerg präsentiert, muß die ganze Welt den Eindruck eines Panoptikums erwecken.

Grass will nicht überzeugen, sondern provozieren, nicht bekehren, sondern wachrütteln. Er will nichts verkünden, aber er möchte alles zeigen. Er befaßt sich nicht mit Problemen, er bietet Visionen. Diesen Erzähler faszinieren nicht Konflikte, sondern Bilder. In einem ersten Kapitel der »Blechtrommel« blättert Oskar in einem Fotoalbum, das er als ein »offen zutage liegendes Familiengrab« bezeichnet:

»Was auf dieser Welt, welcher Roman hätte die epische Breite eines Fotoalbums? Der liebe Gott, der uns als fleißiger Amateur jeden Sonntag von oben herab, also schrecklich verkürzt fotografiert und mehr oder weniger gut belichtet in sein Album klebt, möge mich sicher und jeden noch so genußvollen, doch unschicklich langen Aufenthalt verhindernd, durch dieses mein Album leiten und Oskars Liebe zum Labyrinthischen nicht nähren; ich möchte doch allzu gerne den Fotos die Originale nachliefern.«

Es mag sein, daß Grass mit diesen Worten die ursprüngliche Konzeption der »Blechtrommel« andeuten wollte. Jedenfalls ähnelt der Hauptteil des Romans, der die Zeit bis 1945 umfaßt, einem kuriosen Bilderbogen. Konventionen und Sensationen offeriert er, Skurriles und Bizarres, wunderliche Menschen und sonderbare Situationen kann man sehen, frappierende Vorgänge und schockierende Schilderungen werden geboten, es gibt Obszönes und Blasphemisches. Sind es auch häufig überwirkliche Erscheinungen, phantastische Ereignisse und absurde Konstellationen –

den Hintergrund bildet eine sehr reale Welt: Danzig und seine Umgebung von den zwanziger Jahren bis zum Ausgang des Zweiten Weltkrieges. Über das Danzig-Bild, das in der »Blechtrommel« und auch in der Erzählung »Katz und Maus«[2] (1961) entworfen wird, bemerkt Hans Magnus Enzensberger: »Daß diese Stadt in die deutsche Literatur Einzug hält erst jetzt, da sie den Deutschen endgültig verloren ist, darin liegt mehr als eine historische Ironie. Eine Eroberung wie diese setzt den Verlust voraus.«[3]

Den herausfordernd exakten Visionen des Günter Grass haftet allerdings nicht Panegyrisches oder Sentimentales an – auch wenn er Oskar Matzerath gelegentlich aufschreien läßt: »Ach, was ist Amerika gegen die Straßenbahnlinie neun, die nach Brösen fuhr ...« Grass erweist sich als ein sarkastisch-aggressiver Heimatdichter, als ein grimmiger Idylliker, der eine nicht mehr existierende Welt unerbittlich sachlich und zugleich doch gefühlvoll darstellen kann. Der Ballade von der Großmutter Oskars, die unter ihren vier Röcken einen Flüchtling verborgen hat, der Moritat vom Großvater Koljaiczek, dem Flößer und Brandstifter, der entweder unter einem Floß ertrunken ist oder aber Begründer von Feuerversicherungs-Gesellschaften wurde – diesen beiden einleitenden Kapiteln folgt eine Serie von meist in sich abgeschlossenen Genrebildern und Porträts, anekdotischen Szenen und minuziösen Sittenschilderungen.

Hartnäckig versucht Oskar, den Erscheinungen auf den Grund zu gehen, nichts will er auf sich beruhen lassen. Neugierig und unersättlich erkundet er das Leben hinter den Kulissen, hinter jenen zumal, die durch die Konventionen entstanden sind und den Blick auf die Wirklichkeit verstellen. Grass macht die Skurrilität des Alltäglichen sichtbar, das Absurde im Gewöhnlichen. Seine Heimatidylle ist ein kleinbürgerliches Pandämonium. Immer haftet seinen Gestalten – den Deutschen wie den Polen, den Nazis wie den Juden – etwas Kleinbürgerliches an. Und meist sind die Milieuschilderungen markanter als die Figuren, die Stimmung wirkt stärker als die Aktion, das Lokalkolorit ist wichtiger als die Fragestellung.

In manchen Teilen birst die »Blechtrommel« von Geschehnissen. Dennoch haben wir es mit einem lyrischen Roman zu tun. Grass' Verhältnis zur Umwelt ist wohl vornehmlich intuitiv und emotional und – in des Wortes bester Bedeutung – artistisch. Er ist nicht ein kritischer Analytiker, sondern ein staunender Beobachter und ein neugieriger Kundschafter, ein urwüchsiger Gaukler, den das Spiel mit Motiven und mit Worten erregt. Meist dominieren in seiner Prosa die sinnlichen Eindrücke. Mit einem verbissenen Trotz, der ihn mitunter zu Geschmacklosigkeiten verleitet, versucht er zu vergegenwärtigen, was sich sehen und hören, riechen, schmecken und betasten läßt.

Dieser Haltung entspricht auch die prinzipielle Amoralität des Erzählers Grass, die schon zu allerlei Mißverständnissen Anlaß gegeben hat. Denn aus der Tatsache, daß er den Gegenständen seiner Betrachtung ohne Moralismus begegnen will, geht natürlich noch keineswegs hervor, seiner Epik mangele es an einer eindeutig moralisch-didaktischen Wirkung.

Gewiß, Oskar, diese epische Spottgeburt aus Dreck und Feuer, ist ein Teil von jener Kraft, die oft das Böse will und oft das Böse schafft. Aber nichts wäre unsinniger, als die Inhumanität des Helden dem Verfasser zur Last legen zu wollen. Wenn Grass – um das erste beste Beispiel herauszugreifen – die Verteidigung der polnischen Post in Danzig im September 1939 schildert, kann kein Zweifel bestehen, wem alle seine Sympathien gelten: den Opfern nämlich. Seine Darstellung der Ereignisse während der Kristallnacht im Jahre 1938 wird zum poetischen Protest gegen die Barbarei. Die Porträts vieler Gestalten – etwa des Trompeters und SA-Manns Meyn – beweisen, daß hier sehr wohl, freilich mit diskreten Mitteln, eine moralische Wirkung angestrebt wird.

Übrigens bleiben die meisten in der »Blechtrommel« auftretenden Figuren etwas undeutlich und schattenhaft: Wie auch bei Walser sind es weniger die Charaktere, die überzeugen, als die – bisweilen verblüffenden – psychologischen Details und einzelnen Beobachtungen. Um so mehr fällt es auf, daß Grass die in der deutschen Literatur nach 1945 heikle Frage der Darstellung jüdischer Gestalten zu lösen vermochte.

Sobald Juden als Opfer nationalsozialistischer Verfolgungen erschienen, machte sich sogar bei vortrefflichen Autoren ein ebenso gutgemeinter wie schließlich primitiver Philosemitismus bemerkbar. Die in diesen Büchern auftretenden Juden waren – zumindest in vielen Fällen – edel, rührselig und ganz und gar unecht. Mitunter wurden derartige Figuren »verfremdet«. Böll hat aus der Jüdin Ilona in seinem frühen Buch »Wo warst du, Adam?« eine fromme Katholikin gemacht. Bei Andersch – im Roman »Sansibar« – ist die fliehende Jüdin Judith erotisch reizvoll, schön und vornehm. Nicht mit Ästhetischem, wohl aber mit Exotik wollte sich Wolfdietrich Schnurre in der Erzählung »Der Aufbruch« behelfen: Man hat den Eindruck, daß seine Juden nach dem Berlin des Zweiten Weltkriegs geradezu aus Babels Odessa gekommen sind.

Dagegen zeigt Grass Menschen, deren Eigenarten für die in jenen Jahren in Osteuropa lebenden Juden typisch sind, wobei er keineswegs auf satirische Akzente verzichtet. Sigismund Markus, der nach London emigrieren möchte, jedoch in Danzig Selbstmord begeht und »alles Spielzeug aus dieser Welt mit sich nimmt«, und Fajngold, der sich immer von einer vierköpfigen Familie umgeben glaubt – die aber in Treblinka vergast wurde –, das sind reale Gestalten: wahrhaftig ohne Verherrlichung, ergreifend ohne Weinerlichkeit.[4]

Grass vermeidet es, die Juden zu sentimentalisieren, die Polen zu heroisieren und die Nazis zu dämonisieren. Der Nationalsozialismus interessiert ihn nicht als politische Bewegung oder als soziologisches Phänomen. Im Blickwinkel seines Ich-Erzählers sind lediglich die praktischen Auswirkungen der nationalsozialistischen Herrschaft in Danzig. Sie wird dargestellt – wie Enzensberger sagte – »in ihrer wahren Aura, die nichts Luziferisches hat: in der Aura des Miefs«.[5]

Alles Ideologische ist dem Autor der »Blechtrommel« völlig fremd, daher gelten die berühmten und berüchtigten blasphemischen Kapitel weder dem Christentum noch der Lehre des katholischen Glaubens. Wir haben es ebensowenig mit einem christlichen wie mit einem antichristlichen Roman zu tun. Die religiösen und moralischen Grundsätze des Katholizismus scheinen Grass fast gleichgültig. Ihm geht es um die Institutionen und den Apparat des Katholizismus, um die kirchliche Praxis – die freilich attackiert er mit ungewöhnlicher Heftigkeit, wobei er sich an einer entscheidenden Stelle des Buches abermals des Trommelmotivs bedient.

Die Blechtrommel, Oskars Abwehrwaffe, ist auch das Instrument seiner Auseinandersetzung mit dem Leben. Mit ihrer Hilfe kann er zwischen sich und den Erwachsenen »eine notwendige Distanz ertrommeln«. Zugleich aber bemüht er sich auch, mit der Trommel »der Welt ein Zeichen zu geben«. In diesem Sinne ist die gleichnishafte Kirchenszene im Kapitel »Kein Wunder« zu verstehen. Der kleine Oskar hängt der Jesusfigur seine Trommel um und wartet: »Wird er trommeln, oder kann er nicht trommeln, oder darf er nicht trommeln, entweder er trommelt, oder er ist kein echter Jesus ...« Und etwas weiter: »Die Zeit verging, meine ich, aber Jesus schlug nicht auf die Trommel. Vom Chor herunter hörte ich Stimmen. Hoffentlich will niemand orgeln, bangte ich. Die bekommen es fertig, proben für Ostern und übertünchen mit ihrem Gebrause womöglich den gerade beginnenden, hauchdünnen Wirbel des Jesusknaben. – Sie orgelten nicht. Jesus trommelte nicht. Es fand kein Wunder statt ... Ich sag es heute und sag es immer wieder: Es war ein Fehler, ihn unterrichten zu wollen.« Weil Jesus schweigt, ruft ihm Oskar später, während des Krieges, zu: »Ich hasse dich, Bürschchen, dich und deinen ganzen Klimbim.«

Allerdings wird die Ernsthaftigkeit und die Aggressivität der antikirchlichen Kapitel und Passagen mitunter – und wohl unbeabsichtigt – durch lausbübische und schelmische Akzente in Frage gestellt, deren Derbheit zwar durch die psychologische Konzeption des Ich-Erzählers gerechtfertigt ist, aber nichtsdestoweniger den Verdacht aufkommen läßt, der Autor habe es bisweilen darauf abgesehen, den Leser um jeden Preis zu schockieren.

Die zahlreichen drastischen Beschreibungen in der »Blechtrommel« werfen eine Frage auf, die man nicht mit Schweigen übergehen kann. Nichts Menschliches und Allzumenschliches braucht natürlich der Schriftsteller auszusparen, und es ist nicht seine Pflicht, sich darum zu kümmern, ob das, was er zeigt, appetitlich wirkt. Mag er Widerwärtiges und Ekliges darstellen – sobald er durch sein Werk zu überzeugen vermag, daß die Schilderung derartiger Phänomene dazu beiträgt, sein Weltbild zu verdeutlichen und unsere Lebenserfahrung zu bereichern, ist jeder Einwand entkräftet.

In der »Blechtrommel« finden sich Szenen aus der Sexualsphäre, die an Freimütigkeit gewiß nichts zu wünschen übriglassen, jedoch zugleich die Virtuosität des Erzählers beweisen: Vater Matzerath und Maria auf der Chaiselongue – das ist einer der Höhepunkte des Romans; es gelingt Grass, das Verhalten von zwei Menschen während des Beischlafs knapp und exakt zu vergegenwärtigen. Auch viele andere Abschnitte, die Phänomene aus dem Bereich des Geschlechtslebens betreffen – von der Onanie Oskars bis zu seinem sexuellen Versagen in der Szene mit der Krankenschwester –, sollten ohne Bedenken hingenommen werden: Hier versucht ein Erzähler, der vor keinem Tabu zurückschreckt, in alle Fugen des Lebens einzudringen.

Aber Grass widmet nicht nur besondere Aufmerksamkeit dem Vorgang des Urinierens, sondern schildert auch, wie Kinder aus ihrem Urin eine Suppe kochen und den kleinen Oskar zwingen, sie zu verzehren. Er beschreibt den aus dem Meer gezogenen Kopf eines Pferdekadavers und teilt uns mit, daß der Anblick der in diesem Kopf befindlichen fetten Aale Oskars Mutter nötigt, sich zu erbrechen; das genügt ihm noch nicht: Er läßt uns auch genau wissen, wie das Erbrochene aussieht und daß Möwen es eifrig verspeisen. Derartige Passagen verraten, daß dem Anfänger Grass noch an einem simplen Bürgerschreck gelegen war, und geben dem Buch hier und da einen Stich ins Pubertäre. Gewiß könnte der Infantilismus des Ich-Erzählers vieles legitimieren, aber schließlich ist es nicht Oskar Matzerath, der den Roman geschrieben hat.

Auch in manch anderer Hinsicht ist dieses ungewöhnliche Werk von den Makeln eines Erstlings nicht frei. Während seiner Geburt beobachtet der hellhörige Säugling Oskar einen Nachtfalter, der sich ins Zimmer verflogen hatte und nun, unentwegt auf die beiden Glühbirnen einstürmend, eine »Trommelorgie« veranstaltet: »Der Falter schnatterte, als hätte er es eilig, sein Wissen loszuwerden, als käme ihm nicht mehr Zeit zu für spätere Plauderstunden mit Lichtquellen, als wäre das Zwiegespräch zwischen Falter und Glühbirne in jedem Fall des Falters letzte Beichte ...« Als seinen »Meister« bezeichnet Oskar diesen Falter. In der Tat hat man bisweilen den Eindruck, als möchte der Autor der Blechtrommel sein ganzes Wissen in diesem einen Buch unterbringen, als befürchte er, diese erste erzählerische Beichte könnte zugleich die letzte sein. Nicht etwa ein Mangel, sondern eher eine Überfülle an Einfällen ist zu beklagen, denn vieles bleibt unverarbeitet, oft finden sich in dem überladenen Prosagebilde unverdaute und vielleicht auch unverdauliche

Brocken. Dies betrifft vor allem die schwächsten Kapitel des Romans – jene, in denen die Nachkriegszeit behandelt wird.

In den beiden in Danzig spielenden Hauptteilen des Buches diente die Figur des Blechtrommlers vor allem als erzählendes Medium, als Beobachter der Ereignisse und als – zuweilen etwas mechanisches – Bindeglied für einzelne Episoden. Auch wenn sie oft isoliert blieben, wurden sie doch – abgesehen von der Gestalt Oskars – durch das ihnen gemeinsame Milieu und den regionalen Hintergrund zusammengehalten. Sobald der Held Danzig verläßt, zerfällt der Roman und verliert mit seiner Atmosphäre auch seine Authentizität.

Grass will, daß Oskar sich nach 1945 als Steinmetz, Malermodell und Jazz-Musiker durchschlägt. Offensichtlich sollten Milieus gezeigt werden, die der Verfasser in diesen Jahren kennengelernt hat. Aber da für eine solche Laufbahn ein Zwerg nicht brauchbar war, ließ Grass seinen Helden ganz einfach um fünfzig Zentimeter wachsen und stattete ihn bei dieser Gelegenheit mit einem Buckel aus. Damit hat er die Konzeption seiner Gestalt zunichte gemacht: Die Karikatur einer Karikatur ist nicht mehr möglich.

Man muß also Grass vorwerfen, daß er die von ihm geschaffene Figur mißbraucht hat. In diesem Sinne sind die Feinde seines so außerordentlichen Talents vor allem in seiner eigenen Brust zu suchen. Indem er sich gelegentlich zur Überspitzung und Überpointierung hinreißen läßt, verdirbt er bewundernswerte Einfälle. Ein Beispiel mag dies verdeutlichen. So wenig die in den letzten Kapiteln enthaltene Vision des Wohlstands in den

Jahren nach der Währungsreform überzeugt, so ist doch auch in diesem Teil eine Episode zu finden, die auf einem meisterhaften Einfall beruht.

Grass schildert ein elegantes westdeutsches Lokal, dessen Gäste gemeinsam Zwiebeln schneiden, wodurch sie erreichen, »was die Welt und das Leid dieser Welt nicht schafften: die runde menschliche Träne. Da wurde geweint. Da wurde endlich wieder einmal geweint. Anständig geweint, hemmungslos geweint, frei weg geweint«. Dieser unvergeßlichen parabolischen Szene will aber Grass eine zusätzliche und höchst überflüssige Pointe abgewinnen: Dank der hypnotisch wirkenden Trommelei Oskars werden die Gäste in ihre Kindheit versetzt, sind entzückt und »befriedigten ein Kleinkinderbedürfnis, näßten, alle, die Damen und die Herren näßten ... pißpißpißpiß machten sie, näßten alle die Höschen und kauerten sich dabei nieder«.

Von Oskars Vorbild, jenem Nachtfalter, heißt es einmal, daß er »zuchtvoll und entfesselt zugleich zu trommeln« vermochte. Dieses Gleichgewicht, das Grass offenbar angestrebt hat, muß man in dem Erstling, was freilich nicht verwundern kann, noch vermissen. Hier und da entsteht der Eindruck, daß Grass eher »entfesselt« als »zuchtvoll« ist. Das gilt für den Aufbau einzelner Szenen, das gilt auch für die Sprache. Bisweilen kann er die Worte nicht halten: Sie gehen mit ihm durch.

Oft jedoch ist seine Diktion drall und prall, saftig und deftig. Da gibt es effektvolle Wortkaskaden und rhythmische Trommeleien von großartigem Schwung, wobei Grass häufig die Tonart wechselt, ohne die stilistische Einheit des Buches zu gefährden: Neben die saloppe und schnoddrige Plauderei setzt er lyrische Passagen und hymnische Abschnitte, ein schmetterndes Furioso klingt in einer zögernden Reflexion aus, von einem beiläufig erzählten Scherz oder einer sarkastischen Beschreibung geht er unbekümmert zur Litanei oder zu ironisch-pathetischen Anrufen über.

Nach dem Debüt war vor allem wichtig, welchen Weg der so ungewöhnliche Schriftsteller, der in seinem Erstling noch Schwierigkeiten hatte, seine Vitalität zu zügeln und sein Temperament zu beherrschen, nun einschlagen würde. Die während des Krieges spielende Erzählung »Katz und Maus« hat dies deutlich gemacht. Der Vergleich eines umfangreichen Romans mit einer Erzählung bleibt immer fragwürdig – selbst wenn, wie in diesem Fall, beide Werke im selben Milieu spielen und hier wie da eine biographische Fabel als Konstruktionsachse dient.

Auch fällt es auf, daß im Mittelpunkt abermals ein skurriler, kunstvoll gebastelter Held steht, zwar kein buckliger Zwerg, doch immerhin ein abstoßend häßlicher Junge mit einem riesigen Halsknorpel. Diesen Adamsapfel-Komplex des Schülers Mahlke vermochte Grass unmittelbar und auf höchst überraschende Weise mit dem zeitgeschichtlichen Hintergrund zu verknüpfen. Der Augenblick, in dem der Junge einen Offizier beobachtet, dessen Hals ein Ritterkreuz schmückt, ist die Schlüsselstelle des Buches: »Es hatte ein Adamsapfel, der, wie ich immer noch vermute – und obgleich er Ersatzmotoren hatte –, Mahlkes Motor und Bremse war, zum erstenmal ein genaues Gegengewicht gefunden.« Mahlkes Kampf um jene Auszeichnung, die seinen peinlichen Körperteil verbergen könnte, und die sich daraus ergebenden Komplikationen bilden eine hintergründige Fabel, die einen naturgewachsenen doppelten Boden hat.

Dem Ich-Erzähler von »Katz und Maus« wird einmal gesagt: »Setzen Sie sich einfach hin, lieber Pilenz, und schreiben Sie drauflos. Sie verfügen doch, so kafkaesk sich Ihre ersten poetischen Versuche und Kurzgeschichten lasen, über eine eigenwillige Feder: greifen Sie zur Geige oder schreiben Sie sich frei – der Herrgott versah Sie nicht ohne Bedacht mit Talenten.« Damit sind, vielleicht, »Die Vorzüge der Windhühner« gemeint, ein 1956 erschienenes, damals kaum beachtetes Heft mit Versen, Prosastücken und Zeichnungen von Grass. Zugleich können aber diese Worte auch als Anspielung auf eine mit der »Blechtrommel« überwundene Entwicklungsphase verstanden werden, denn in dem Roman hatte er sich, wie »Katz und Maus« beweist, tatsächlich »freigeschrieben«.

Er scheint in der Erzählung ruhiger und gelassener zu sein. Mit der Sprache geht er sparsamer um: Sein Stil mag jetzt bescheidener wirken, ist aber in Wirklichkeit straffer, bündiger und präziser geworden. Den kabarettistischen Einschlag spürt man seltener als in der »Blechtrommel«, das Makabre wird nicht mehr zu Ausverkaufspreisen angeboten. Grass gibt sich nicht mehr so böse, die satirische Aggressivität wird durch eine Prise Resignation ein wenig gemildert, die bitteren Akzente werden zurückhaltender gesetzt. Während er sich im Erstling immer wieder um Zuspitzungen und Aktschlüsse bemühte und ihn häufig mit dem Blick nach der Galerie geschrieben hatte, müht er sich jetzt um eine bisweilen schlicht anmutende Darstellung und verschenkt Pointen, um stillere Effekte zu erreichen.

Am originellsten ist Grass, wenn er keine Originalität anstrebt. Überzeugender als die Gestalt des Jungen mit dem mächtigen Adamsapfel sind jene Abschnitte der Erzählung, deren Themen die Kirche und die Schule zur Zeit des »Dritten Reiches« sind. Zumal durch die konzentrierte Wiedergabe der damaligen Umgangssprache – vom Schülerjargon über Äußerungen von Geistlichen und Lehrern bis zum Bericht eines Ritterkreuzträgers – erreicht Grass eine wohltuende Konkretheit der Zeitkritik, deren Intensität noch durch einige ebenso hämische wie prägnante Beschreibungen gesteigert wird. So kann etwa die kurze Schilderung einer Kapelle, die sich in einer ehemaligen Turnhalle befindet und aus der man nun trotz Weihrauch und Wachskerzenduft den »Kreide-Leder-Turnermief« nicht verdrängen kann, als ein Kabinettstück sarkastischer Prosa gelten.

Allerdings leiden einige Teile von »Katz und Maus« – wenn auch nicht mehr in so starkem Maße wie »Die Blechtrommel« – an einer gewissen Beliebigkeit in der Folge der Beobachtungen, Impressionen und Begebenheiten. Die Frage nach der Funktion einzelner Episoden und Passagen innerhalb des Ganzen drängt sich zumal dort auf, wo durch belanglose, mit genüßlicher Detailfreude ausgemalte Jugenderinnerungen der Gang der Handlung ins Stocken gerät.

»Katz und Maus« ist ein kleines Nebenwerk, das vor allem als bemerkenswertes Symptom einer schriftstellerischen Entwicklung gedeutet werden sollte. Nach der Blechtrommel, dieser Eruption der aufgespeicherten epischen Energie, zeugt die Geschichte vom Schüler Mahlke von künstlerischer Disziplin. Und das ist gut so – für Günter Grass, den grimmigen Idylliker, der mit kalter Phantasie und mit leidenschaftlicher Sachlichkeit erzählt, für ihn, den poetischen Chronisten von Konventionen und Sensationen, der »zuchtvoll und entfesselt zugleich« sein kann. Es ist gut so für Günter Grass und für die deutsche Gegenwartsliteratur.

1963

Bilderbogen mit Marionetten
und Vogelscheuchen

Natürlich weiß ein so exakt arbeitender Schriftsteller, ein so sorgfältig kalkulierender Artist wie Günter Grass, welch außerordentliche Bedeutung gerade dem Einstieg zukommt – den ersten Zeilen eines Romans oder einer Erzählung.

»Zugegeben: ich bin Insasse einer Heil- und Pflegeanstalt, mein Pfleger beobachtet mich, läßt mich kaum aus dem Auge ...«, beginnt »Die Blechtrommel«. Die Novelle »Katz und Maus« wiederum setzt mit den Worten an: »... und einmal, als Mahlke schon schwimmen konnte, lagen wir neben dem Schlagballfeld im Gras.« Zwei verschiedene Eröffnungen, die sich aber beide bemühen – wenn auch in einem raffiniert beiläufigen Tonfall –, die Aufmerksamkeit des Lesers sogleich auf den Kern des jeweiligen Werks zu lenken: Hier erfahren wir, daß sich der Erzähler außerhalb der Gesellschaft befindet und überwacht wird; da verweist die zweifache Bedeutung des Verbums »schwimmen« auf den doppelten Sinn der Geschichte vom Schüler Mahlke, der so gut tauchen konnte und doch untergegangen ist.

Es fällt auf, daß sich Grass im Roman »Hundejahre«[1] für einen Einstieg ganz anderer Art entschieden hat: »Erzähl

Du. Nein, erzählen Sie! Oder Du erzählst. Soll etwa der Schauspieler anfangen?« Die ersten Worte zielen also nicht mehr – wie in der »Blechtrommel« und in »Katz und Maus« – auf ein wesentliches Motiv hin, sondern eher auf ein Problem des schriftstellerischen Handwerks. Und dies trifft auf die einleitenden Sätze des zweiten Buches der »Hundejahre« ebenfalls zu: »Liebe Cousine Tulla, man rät mir, Dich und Deinen Rufnamen an den Anfang zu setzen, Dich ... formlos anzusprechen, als beginne ein Brief. Dabei erzähle ich mir, nur und unheilbar mir; oder erzähle ich etwa Dir, daß ich mir erzähle?« Erst der dritte und letzte Teil der »Hundejahre« geht, so scheint es wenigstens, von einem Element der eigentlichen Handlung aus: Den Auftakt bildet hier die knappe Behauptung »Der Hund steht zentral«. Aber im Grunde ist auch damit eine vornehmlich handwerkliche Frage gemeint – die angestrebte Position des Hundemotivs innerhalb des Romans.

Vielleicht spiegelt sich in dieser so offensichtlichen und konsequenten Veränderung der Einstiege und Ausgangspunkte der Verlust jener Unbefangenheit und Direktheit, die für »Die Blechtrommel« charakteristisch waren. Es mag auch sein, daß in den »Hundejahren« der jeweilige Ansatz – zunächst gibt sich Grass zögernd und ein wenig kokett, und beim dritten Male beginnt er lapidar und ostentativ – etwas mit der Taktik des Autors im Umgang mit seinen Lesern und Rezensenten zu tun hat. Denn Grass, der sich in der Regel nicht nur der starken Seiten seiner Arbeiten bewußt ist, sondern auch mancher ihrer Mängel, liebt die Flucht nach vorn: Diese drei Eröffnungen betreffen allesamt die Schwächen des Buches. Indem die Anfangssätze auf die erzählerische Perspektive, auf die formalen Schwierigkeiten und auf die Funktion des wichtigsten Motivs anspielen, lassen sie zugleich erkennen, woran der Roman »Hundejahre« gescheitert ist.

Wer erzählt diesmal? Grass hatte offenbar keine Zweifel, daß nur Oskar Matzerath selber mit den Begebenheiten aus seinem Leben aufwarten dürfe. Niemand wird den berichtenden Helden der »Blechtrommel« mit dem Verfasser des Buches verwechseln wollen. Doch ebenso unzulässig wäre es, zu übersehen, daß Autor und Figur weit mehr miteinander gemein haben als nur die Welt ihrer Herkunft und viele Stationen ihrer Biographien: Grass erzählt aus der Sicht von Oskar, und Oskar erzählt in der Sprache von Grass. Was auch dem Roman »Die Blechtrommel« vorzuwerfen ist, die Einheit von Perspektive und Diktion bleibt in ihm stets gewahrt. Stoff und Aufbau der »Hundejahre« verraten, daß dieses Buch als Seitenstück zum erfolgreichen Erstling konzipiert war: Wieder erweist sich Danzig-Langfuhr als – wie es jetzt in den »Hundejahren« heißt – »so groß und so klein, daß alles, was sich auf dieser Welt ereignet oder ereignen könnte, sich auch in Langfuhr ereignete oder hätte ereignen können«. Noch einmal dasselbe (vorwiegend kleinbürgerliche) Milieu und genau derselbe Zeitraum – von den zwanziger bis zu den fünfziger Jahren. Und auch hier ist das Ganze in drei Teile gegliedert, von denen zwei abermals jener Danziger Welt gewidmet sind und der dritte die Nachkriegszeit unter westdeutschen Vorzeichen behandelt, wiederum vor allem am Rhein und an der Spree.

Da es jedoch Grass diesmal nicht gelingt, eine Figur zu finden, der er – wie einst dem kleinen Oskar in der »Blechtrommel« oder Pilenz in »Katz und Maus« – die

Funktion des Erzählers anvertrauen könnte, entscheidet er sich für ein Autorenkollektiv. Zu seinen Sachwaltern macht er drei ehemalige Danziger: Den ersten Teil erzählt der Vogelscheuchenproduzent und frühere Ballettmeister Eduard Amsel, den zweiten der Kinderfunk-Redakteur Harry Liebenau und den letzten der einstige Schauspieler Walter Matern. Das ganze schriftstellerische Vorhaben soll Amsel leiten.

Indes war Grass nicht bereit, seine volle epische Macht auf die Mitglieder dieses Kollektivs zu übertragen: Er selber mischt sich ebenfalls ein, ohne daß die Notwendigkeit solcher Interventionen erkennbar wäre. Mehr noch: Es bleibt sogar offen, wozu Grass überhaupt drei verschiedene Ich-Erzähler gebraucht hat. Sein Monograph Kurt Lothar Tank erklärt, daß der Autor der »Hundejahre« sich »gleichsam in drei selbsterfundene Ghostwriter aufspaltet, ohne seine Originalität, seine großartig-schrullige Erfindungskraft und seinen Sprachrhythmus an irgendeiner Stelle zu verleugnen«.[2] Dies aber ist nichts anderes als die denkbar freundlichste Bezeichnung eines eher fragwürdigen Sachverhalts: Stil, Blickwinkel und Betrachtungsweise der drei Chronisten unterscheiden sich voneinander überhaupt nicht oder bloß unerheblich, die Erzählerstafette ergibt nichts.

Was sich dahinter verbirgt, hat Walter Jens durchschaut: »Ich habe den Verdacht, daß die Drei- (oder, nimmt man den Autor hinzu, Vier-) Sprecher-Verteilung erst spät hinzugekommen ist; daß ursprünglich planer erzählt werden sollte ... und daß der Einfall mit dem Kollektiv erst vom Ende her in den ersten Teil eingefügt worden ist. Warum, muß man doch fragen, gibt es ... im zweiten Teil so wenig Hinweise auf die Arbeit der Schrift-steller-Kooperation, und weshalb fehlen diese Hinweise im Schlußteil fast ganz?«[3]

Doch geht es nicht nur darum, daß der Perspektiven-wechsel illusorisch ist und wir in Wirklichkeit alles aus einer einzigen Sicht sehen – aus derjenigen von Günter Grass –, nicht nur darum, daß die Fiktion des allwis-senden Romanciers von gestern ersetzt wird durch die Fiktion eines Autorenkollektivs. Vielmehr gibt diese ober-flächliche und lediglich mechanische und nicht einmal konsequente Aufteilung der erzählerischen Perspektive den »Hundejahren«, zumal dem Rahmen und der Kom-position, den Anstrich einer recht fatal wirkenden Künst-lichkeit, die übrigens niemand besser zu spüren scheint als der Verfasser selber – nur daß er sie nicht verhindern kann.

Diese Künstlichkeit fällt besonders im zweiten Teil des Romans auf, weil die einzelnen Abschnitte einen Adres-saten haben sollen: Harry Liebenau berichtet in Briefen, die angeblich an seine Cousine Tulla Pokriefke gerichtet sind. Allerdings ist es schwer, daran zu glauben: Häufig teilt er ihr mit, worüber sie längst informiert sein müßte, manches erzählt er, was sie nicht interessieren könnte, und manches, was sie, ein ungebildetes und simples Wesen, nicht zu begreifen imstande wäre. Und es sind auch überhaupt keine Briefe. In der Tat verzichtet Liebe-nau schließlich auf die Briefanrede und leitet die letzten Kapitel des zweiten Teils nur noch mit der stereotypen Wendung »Es war einmal ...« ein.

Womit Grass die Fragwürdigkeit, ja Peinlichkeit dieser Lösung mildern möchte, macht die Sache bestimmt nicht besser: Er läßt Liebenau mit der Feststellung beginnen, er wende sich an die Adressatin nur deshalb, weil ihm diese Form empfohlen wurde. Und wenige Zeilen weiter: »Ich erzähle Dir. Du hörst nicht zu. Und die Anrede – als schriebe ich Dir einen und hundert Briefe – wird der formale Spazierstock bleiben, den ich jetzt schon wegwerfen möchte ...«

Indes wird ein Übel nicht schon dadurch kleiner, daß man es benennt, und das Geständnis des Autors, daß er die formalen Spazierstöcke am liebsten wegwerfen möchte, hilft uns wenig, wenn er sich doch immer wieder solcher Spazierstöcke oder, richtiger gesagt, Krücken und Prothesen bedient. Grass war auf sie schon in der »Blechtrommel« angewiesen und ist es um so mehr in den »Hundejahren«. Die Ursache hängt letztlich mit der Eigenart seines Talents zusammen.

Denn er, der seinen Weltruhm – und dies mit Recht – einem Roman verdankt, ist im Grunde nicht Romancier, sondern Geschichtenerzähler und in weit höherem Maße Lyriker als Epiker. In allem, was er geschrieben hat, ist der lyrische Untergrund ebenso spürbar wie der erzählerische Impuls. Während sich die besten Abschnitte seiner Romane als poetische Bilder oder Szenen erweisen, verbergen sich in seinen schönsten Versen Geschichten. Die Höhepunkte seines Dramas »Die Plebejer proben den Aufstand« sind zwei Gedichte. Andererseits gehen seine Reden und auch manche Artikel – so etwa die 1967 in Israel gehaltene »Rede von der Gewöhnung« – unbekümmert in Erzählungen über.[4]

Aber so außerordentlich stark dieser erzählerische Impuls auch ist, so kann er sich in der Regel nur in begrenzten Episoden wirksam entfalten. Daher reiht Grass in seinen Romanen einzelne, meist in sich geschlossene Abschnitte oder Szenen aneinander: Sie ergeben Bilderbogen.

In der »Blechtrommel« wurden diese Bestandteile durch die Figur Oskar Matzeraths zusammengehalten: Das Ganze hatte eine Achse. Die »Hundejahre« sollten ebenfalls eine Konstruktionsachse haben, um die sich das Material gruppieren und organisieren ließe: Die angeführte Erklärung – »Der Hund steht zentral« – deutet darauf hin. Ein verräterischer Satz ist es übrigens, dem man mehr entnehmen kann, als Grass sagen wollte. Denn wenn es in diesem Buch auch kein Zentrum gibt, so steht hier in der Tat alles. Mit anderen Worten: Weder dem Hund Prinz noch Eduard Amsel oder Walter Matern läßt sich eine zentrale Position nachsagen, von einer ordnenden Funktion ganz zu schweigen. Wohl aber haben wir es mit einem statischen Roman zu tun.

Was immer ursprünglich geplant war – das Buch »Hundejahre« ähnelt einer Sammlung kleiner literarischer Arbeiten von unterschiedlicher Art und Qualität. Wir finden hier Märchen, Sagen und Legenden, Anekdoten, Schelmengeschichten und Genreszenen, Parabeln, Satiren und Grotesken, Skizzen, Dialoge und Parodien. Viele dieser – bisweilen meisterhaft geschriebenen – Miniaturen hat Grass überhaupt nicht oder nur flüchtig in das Romangeschehen integriert.

Wenn er eine Rundfunkdiskussion parodiert, einen Sexualakt im Beichtstuhl oder auf einer Mülltonne beschreibt oder uns über den Inhalt eines Balletts informiert, wenn wir von der »Leichenhalle« hören, einem

Luxusrestaurant, wo man an Operationstischen mit sterilem Sezierbesteck speist, oder von Wunderbrillen, die es den deutschen Kindern ermöglichen, die politische Vergangenheit ihrer Eltern zu erkennen, wenn Grass erzählt, wie in der ersten Nachkriegszeit den später in der Bundesrepublik mächtigen Publizisten, Wirtschaftlern und Politikern ihre Zukunft vorausgesagt wird, wenn er schildert, wie sein an einem »handfesten, städtischen und französisch besetzten Tripper« leidender Held »privat und ohne Lizenz durch die Lande zog, um mit gonokokkengeladener Spritze ... den weiblichen Anhang ehemaliger Parteimittelgrößen« zu infizieren – dann sind dies Nummern und Einlagen, die auf den Gang der Handlung meist keinen Einfluß haben: Sie bleiben isoliert und erweisen sich daher häufig auch als austauschbare Einheiten.

»Die Blechtrommel« war ebenfalls eine Art Nummernoper, nur schien dies dort eher motiviert, was vor allem mit der Figur Oskar Matzeraths zusammenhängt Die Hauptgestalten der »Hundejahre« sind jedoch grundsätzlich anders konzipiert als der Held und Ich-Erzähler der »Blechtrommel«.

Oskar hat allein über sein Schicksal entschieden. Die Schicksale von Amsel und Matern werden von den Verhältnissen und Ereignissen ihrer Zeit bestimmt. Oskar deformiert sich selber, weil er die Welt ablehnt. Amsel und Matern lehnen die Welt nicht ab, aber sie werden schließlich von ihr deformiert. Während Oskar jenseits aller ethischen Gesetze und Maßstäbe steht, sind Amsel und Matern keineswegs der moralischen Verantwortung enthoben. Oskar wird von Grass gegen die Epoche ausgespielt, Amsel und Matern zeigt er hingegen als Produkte dieser Epoche. Oskar ist eine Märchenfigur, Amsel und Matern sind, auch wenn ihnen gelegentlich Märchenhaftes zustößt, reale Gestalten.

Somit kommt es bei Oskar, dieser epischen Spottgeburt aus Dreck und Feuer, auf psychologische Stimmigkeit nicht an – ohnehin ist er infantil und weise, primitiv und raffiniert, ein kleines Kind und ein Wesen ohne Alter zugleich. Über Amsel und Matern konnte Grass nicht mehr so frei verfügen: Sie ließen sich nicht beliebig mit allerlei Charakterzügen, Erfahrungen und Abenteuern ausstatten. Denn sollte die Geschichte ihrer am Nationalsozialismus zerbrechenden Freundschaft und ihrer Wiederbegegnung in der Bundesrepublik überzeugen, dann mußten auch die beiden Figuren nicht nur deutlich sichtbar, sondern auch wahrscheinlich sein. Sie sind es in der Tat, doch nur, solange von ihrer Kindheit und Jugend erzählt wird.

Die beiden »Freunde von der Weichselmündung«, der geistreiche und sensible Halbjude Amsel und der kräftige und eher simple Müllerssohn Matern, bleiben trotz mancher Spannungen und trotz des gelegentlich zwischen ihnen auftauchenden Wortes »Itzig« zunächst »unzertrennliche Blutsbrüder«. Noch die Zwanzigjährigen halten trotz der politischen Verhältnisse zusammen, doch schließlich gehen ihre Wege auseinander. Indes sind die konkreten Umstände, die unmittelbar zu dem Bruch führen, zumindest wunderlich.

Amsels besondere Vorliebe gilt den Vogelscheuchen. Er baut sie – man schreibt inzwischen das Jahr 1957 – nicht etwa »gegen die ihm vertrauten Spatzen und Atzeln; gegen niemanden baute er, aus formalen Gründen. Allenfalls hatte er vor, einer gefährlich produktiven Umwelt seinerseits Produktivität zu beweisen.« Als er diesen nur »aus formalen Gründen« gebauten Vogelscheuchen unbedingt nationalsozialistische Uniformen anziehen will – was mir allerdings eine recht lausbubenhafte Reaktion auf die politischen Vorgänge zu sein scheint, aber auch die erwachsenen Grass-Helden muten oft pubertär an –, ist ihm dabei Walter Matern behilflich. Er tritt der SA bei: »aus Freundschaft ..., halb aus Jux und halb aus Neugierde, besonders aber, damit Amsel zu jenen extrem braunen Uniformstücken kam, nach denen er und die Gerüste zukünftiger Scheuchen verlangten«.

Von nun an kümmert sich Grass immer weniger um die Beweggründe, die seine Personen so und nicht anders handeln lassen. Eben war Matern zur SA aus Freundschaft zu Amsel und »nach innen mit allen Zähnen knirschend« gegangen, und schon beteiligt er sich eifrig an der Verfolgung des Halbjuden: Amsel wird der braununiformierten Vogelscheuchen wegen von der SA mißhandelt, und auch Matern schlägt kräftig auf ihn ein. Was wir im weiteren Verlauf des Romans – und das sind noch etwa zwei Drittel – über Amsel und Matern hören, hat kaum einen Zusammenhang mit ihren Charakteristiken: Die ihnen zugeschriebenen Erfahrungen, Erlebnisse und Handlungen sind oft auswechselbar.

Zum erbitterten Gegner der Sprache und Philosophie Heideggers, die er – ziemlich leichtfertig – mit dem Geist des Dritten Reiches assoziiert und identifiziert, macht Grass Walter Matern, doch könnte es ebenso auch Amsel sein – mit dem Unterschied freilich, daß die Heidegger-Kenntnisse dem gebildeten und intelligenteren Amsel weit eher zuzutrauen wären als dem derben ehemaligen SA-Unterscharführer Matern. Andererseits ist die offenbar recht skrupellose kaufmännische Karriere des musisch veranlagten Amsel in der Bundesrepublik zumindest überraschend und wäre wohl eher dem wendigen Matern angemessen.

So erweisen sich Amsel und Matern und auch manche andere Figuren der »Hundejahre« letztlich nur als Marionetten. Überdies hat der Hintergrund oft etwas Kulissenhaftes. Es entsteht der Eindruck, als würde Grass zeitgeschichtliche Elemente nur dann in den Roman einbeziehen, wenn sie ihm eine Gelegenheit zu Gags geben, deren Zahl allerdings verblüfft. Weil sich Grass diesmal auf seine Motive nicht verlassen kann, weil er die Künstlichkeit des Aufbaus und die Fragwürdigkeit der Figuren spürt, versucht er, zumal im dritten Teil des Romans, den Leser mit einem Hagel von Kuriositäten zu überschütten.

Gewiß, kein deutscher Schriftsteller unserer Zeit kann mit so originellen Einfällen aufwarten. Nur will es mitunter scheinen, daß nicht der Autor die Einfälle regiert, sondern die Einfälle den Autor beherrschen. Und wenn sie auch von beneidenswerter Phantasie zeugen, so reichen sie doch nicht aus, um der Welt beizukommen, die hier gezeigt werden soll. Mehr noch: Sie tragen zu unbeabsichtigten und riskanten Verzerrungen bei.

Nichts liegt dem Autor der »Hundejahre« ferner, als die Epoche des »Dritten Reiches« zu verharmlosen. Da aber sein Zeitpanorama weniger einem Pandämonium und eher – obwohl es diesmal nicht von einem trommelnden Zwerg präsentiert wird – einem Panoptikum gleicht, scheinen manche Szenen, in denen Grass die Unmenschlichkeit jener Jahre vergegenwärtigt, bloß die Funktion von Schreckenskammern zu erfüllen. Die unaufhörliche Jagd nach Pointen, Gags und kabarettistischen Effekten entschärft und verflacht auch die im letzten Teil enthaltene und dort besonders reichlich gebotene Gesellschaftskritik: In vielen Kapiteln werden die bundesrepublikanischen Verhältnisse nicht angeklagt, sondern nur noch – ich bitte, mir dieses Verbum zu genehmigen – skurrilisiert. Das gilt auch für die große, lange vorbereitete und daher um so mehr enttäuschende Schlußszene des Romans: Die Beschreibung der Vogelscheuchenwelt, die als groteskes Abbild unserer Gesellschaft verstanden werden soll, muß ihren künstlerischen Zweck verfehlen, da die Symbolik hier vordergründig und aufdringlich, billig und prätentiös zugleich ist. Das vollkommen statische und, wie sich gezeigt hat, unergiebige Vogelscheuchenmotiv, das immer wieder in den »Hundejahren« auftaucht, vergleicht Rudolf Hartung mit dem Trommelmotiv im ersten Grass-Roman: »Nicht zu übersehen ist allerdings der wesentliche Unterschied, daß Oskars rhythmisches Trommeln die Zeit gliedert, während die Scheuchen der Hundejahre vorab räumliche Gebilde sind und somit für den Roman, der seinem Wesen nach gegliederte Zeit ist, auf die Dauer eine Belastung darstellen.«[5]

Im Zusammenhang mit den Vogelscheuchen, die Amsel seit seiner Jugend so beharrlich und phantasievoll produziert, finden sich übrigens in den Hundejahren einige bezeichnende Äußerungen: Von seinen späteren Scheuchen heißt es, daß sie »bei aller Raffinesse im Detail und morbiden Eleganz in der äußeren Linie weniger eindringlich gelangen«. Und: »Amsel war der erste, der diesen Substanzschwund bemerkte. Später wies Walter Matern ... gleichfalls auf das zwar bestürzende Können und das nicht zu übersehende Fehlen früher Amselscher Schöpferwut hin.« Etwas weiter lesen wir, daß Amsels »Kunst stagnierte« und daß seine »Perfektion ermüdete«. Er habe dies lächelnd ertragen, »aber wir, hinterm Zaun im Gebüsch, hörten ihn seufzen«.

Was damit gemeint ist, liegt auf der Hand. »Bei aller Raffinesse im Detail« sind die »Hundejahre« nicht gelungen, der »Substanzschwund« fällt ebenso auf wie das Fehlen früher Grassscher »Schöpferwut«: Seine »Kunst stagnierte«, seine »Perfektion ermüdete«. Aber kein Zweifel auch, daß der Roman erneut das »bestürzende Können« des Erzählers Grass beweist.

Die poetischen Beschreibungen der in der Erinnerung immer breiter werdenden Weichsel, die Geschichte vom Studienrat Brunies, der so gern Süßigkeiten aß und dafür im Konzentrationslager büßen mußte, die miteinander synchronisierten Schilderungen der Überfälle auf Amsel und die Balletteuse Jenny, die Tiraden über die Flucht aus Danzig oder gar jene Parabel vom Zusammenbruch des »Dritten Reiches«, der in der Jagd der Wehrmacht auf den entlaufenen Führerhund glanzvoll persifliert wird – dank dieser und anderer in sich geschlossener Abschnitte und Episoden gehören die »Hundejahre« trotz allem zu den wichtigen deutschen Prosawerken der sechziger Jahre.

Zugleich ist jetzt, 1967, die Rolle erkennbar, die dieses Buch in der schriftstellerischen Entwicklung von Grass gespielt hat. Nur darf man sich durch sein Erscheinungsjahr – 1965 – nicht irreführen lassen. Einen beträchtlichen Auszug aus dem Roman hatte Grass schon 1960 auf der

Tagung der Gruppe 47 gelesen, offenbar lagen schon damals große Teile vor. Die Arbeit an dem Buch, in dem von Anfang an der Wurm war, mußte er später für einige Zeit unterbrechen. Erst nach der Novelle »Katz und Maus« kehrte er zu dem Projekt zurück, das schon so weit gediehen war, daß er es weder verwerfen noch retten konnte.

Dennoch sollte dieser Roman zeitlich in der unmittelbaren Nachbarschaft vor allem des Erstlings gesehen werden: »Die Blechtrommel« und »Hundejahre«, die beiden umfangreichen Prosabände – zunächst eine ungewöhnliche Eruption der aufgespeicherten epischen Energie und dann der fast verzweifelte Versuch, eine solche Eruption noch einmal zu erzwingen –, gehören zueinander und stammen im Grunde aus derselben Periode.

Nicht der Roman »Hundejahre« verweist indes auf die Richtung des Weges, den Grass in den nächsten Jahren eingeschlagen hat, sondern die zwar früher erschienene, aber offenbar später konzipierte Novelle »Katz und Maus«, ein auf jeden Fall ungleich reiferes und strengeres Werk. Die politischen Reden, das Drama »Die Plebejer proben den Aufstand«, die Gedichte der Sammlung »Ausgefragt« – das sind die Stationen, die diesen Weg markieren. Sie zeigen deutlich, wohin er führen soll: zur Synthese von künstlerischer Disziplin und moralischer Verantwortung.

So dokumentiert der Roman »Hundejahre« einen bereits überwundenen Abschnitt in der Entwicklung des Schriftstellers Günter Grass.

1967

Ein deutsches Trauerspiel
über ein deutsches Trauerspiel

Ob wir mitwirken oder nur zusehen oder wegsehen wollen, ob wir Rollen spielen, Statisten sind oder uns für Souffleure halten – die Politik ist unser Schicksal. Den deutschen Dramatikern braucht man dies heutzutage nicht mehr zu sagen: Peter Weiss, Walser und Hacks, Hochhuth und Kipphardt, Lenz und Michelsen, sie alle betrachten die Schaubühne als eine moralpolitische Anstalt. Das Individuum und die Macht – so lautet ihr Thema.

Dieser Frage wendet sich mit seinem »deutschen Trauerspiel« »Die Plebejer proben den Aufstand«[1] auch Günter Grass zu. Nach mehreren Stücken, die noch als Nebenarbeiten des Romanciers gelten konnten, legt er nun ein Werk vor, in das er offensichtlich seine ganze Kraft und Energie investiert hat. Was ist das Thema des Stückes?

Arbeiter revoltieren gegen Ungerechtigkeit und Ausbeutung. Da es aber Arbeiter aus dem Volk der Dichter und Denker sind, gehen sie zu einem berühmten Dichter, damit er ihnen ein Manifest formuliere. Sie lassen sich in stundenlange Gespräche mit dem Poeten ein, verlieren kostbare Zeit, reden, statt zu handeln, sind bieder und naiv, unbeholfen und rührend, wissen kaum, was sie eigentlich wollen, und machen durch ihr Verhalten deutlich, daß der führungslose Arbeiteraufstand vom ersten Augenblick an zum Scheitern verurteilt war. Ein Stück also über die deutsche Revolution.

Jener Poet möchte mit seiner Dichtung und seinem Theater die Welt verändern. Da aber die Menschen, die die Veränderung erkämpfen wollen, zu ihm kommen, leibhaftig vor ihm stehen, sind sie für ihn nur Anschauungsmaterial, nützlich für die Proben des Aufstandes römischer Plebejer in Shakespeares »Coriolan«. Die Redewendungen der Arbeiter interessieren ihn, nicht ihre Sorgen und Absichten. Der den Kampf gegen die Unterdrückung predigt und besingt, ist überhaupt nicht mehr imstande, diesen Kampf zu begreifen. Oder tut er nur so, weil er von ihm nichts wissen will? Ein Stück also über das Thema: Literatur und Wirklichkeit, Theater und Leben.

Und zugleich ein Drama über den Intellektuellen in der Diktatur, über sein Verhältnis zur Macht einerseits und zum einfachen Volk andererseits, über seine Funktion und seine Moral.

Aber es ist auch ein historisches und politisches Schauspiel, das sich bemüht, konkrete, in Zeit und Ort genau fixierte Gegebenheiten von größter Bedeutung zu zeigen: ein Stück über die Ereignisse vom 17. Juni 1953. Und es ist endlich ein Stück über eine faszinierende Figur der deutschen Kunst und Geistesgeschichte in diesem Jahrhundert – über Bertolt Brecht.

Hat je ein Dramatiker unserer Zeit mehr als Günter Grass zu fassen und zu erreichen versucht? Er packt den Stier an den Hörnern. Großartig. Aber er weiß nicht, was er mit dem Stier anfangen soll. Die Grundsituation des Dramas scheint mir meisterhaft entworfen zu sein. Die außerordentlichen Möglichkeiten, die sie dem Autor bietet, läßt sich Grass jedoch entgehen. Seine Einfälle sind grandios. Nur kann sie Grass kaum verwerten. Sie werden meist verschenkt. Das Stück leidet zunächst an der zentralen Gestalt. Sie ist zwar diskutabel, doch, befürchte ich, verfehlt. Soll dieser unentwegt mit Bonmots oder Kalauern, mit geistreichen Bemerkungen oder billigen Sottisen aufwartende »Chef« Bertolt Brecht sein? Grass hat seine Persönlichkeit bewußt simplifiziert und auf einige Grundelemente reduziert. Dagegen ist natürlich nichts einzuwenden. Aber kann man Brecht als einen Mann darstellen, der, was immer auch geschieht, nach Pointen jagt? Mußte auch sein Intellekt so entschieden reduziert werden? Und was immer Brecht gewesen sein mag – ein Narr oder ein Scharlatan war er nicht. Im zweiten Akt des Stückes heißt es über ihn: »Kindisch genug beträgt er sich.« Auf die Bühnenfigur trifft das leider zu und macht ihre Verwendbarkeit als Protagonist des Stückes, das Grass offenbar schreiben wollte, zumindest fragwürdig. Anders ausgedrückt: Indem Grass seinen Helden im Kleinformat zeigt, fügt er ein großes Unrecht zu – nicht dem Dichter Brecht, sondern sich selber. Denn er verurteilt sein eigenes Stück letztlich zu demselben Format.

Indes: Handelt es sich hier um Bertolt Brecht, um einen Menschen, der wirklich in Berlin gelebt hat und 1956 in Berlin gestorben ist? Nicht zufällig wird sein Name im Stück konsequent vermieden. Sollte nicht sein Held als eine selbständige, von Grass lediglich nach dem Vorbild des realen Brecht geschaffene Figur beurteilt werden?

Wozu überhaupt die Frage nach der Übereinstimmung oder Ähnlichkeit von Held und Modell? Kann man nicht den Grassschen »Chef« betrachten, ohne an Brecht zu denken?

Nein, man kann es nicht. Denn wenn uns diese Gestalt überhaupt zu interessieren vermag, so vor allem dank Brecht, dank den Anspielungen auf seine Situation in der DDR, auf seine Stücke und Gedichte, auf sein Theater und sein Leben. Der Zuschauer, der nie etwas von Brecht gehört hat, würde, glaube ich, in dem »Chef« nur eine papierene Figur erkennen können. Und dies um so mehr, als der Held des Dramas kaum handeln darf und – was noch viel schlimmer und bedauerlicher ist – im Grunde keinen Gesprächspartner findet. Allerdings unterschätzt man Grass gröblich, wollte man annehmen, er habe dieses dramaturgische Problem verkannt.

Volumnia, des »Chefs« »langgeschätzte Freundin«, die ihn erst zur Tat, also zur Teilnahme am Aufstand anzustacheln versucht, am Ende jedoch die Unterzeichnung einer Ergebenheitserklärung befürwortet, war vielleicht als Gegenfigur gedacht. Aber sie liefert letztlich nur die (bisweilen pathetischen) Stichworte für ironische Äußerungen und effektvolle Repliken des Helden. Auch hier hört man häufig das Papier rascheln – mit dem Unterschied freilich, daß der Seitenblick auf Helene Weigel die Gestalt der Volumnia nicht interessanter machen kann.

Gewiß war es ein glänzender Einfall, dem »Chef« einen parteiergebenen Dichter gegenüberzustellen. Doch hat sich Grass hier das falsche Modell ausgesucht: Sein Kosanke, dem dümmlichen Kuba nachgebildet, ist eine viel zu lächerliche und farcenhafte Figur, um als

Gesprächspartner für einen Brecht zu taugen. Nicht ein Kuba hätte hier Modell stehen sollen, sondern eher ein Becher.

Eine Gegenstimme hätte sich vielleicht auch unter jenen Arbeitern von der Stalinallee finden lassen, die am 17. Juni den »Chef« um Hilfe bitten. Aber die Arbeiter, die Grass auftreten läßt, reden meist wie Kinder. Und denken können sie offenbar überhaupt nicht. Wen kann es da wundern, daß der »Chef« ihren Aufstand nicht ernst nimmt und sie wie Statisten behandelt? »Wir machen ihm den Kaspar hier«, sagt der Maurer. Und später: »Wir sind doch keine Hampelmänner.« Das eben sind sie: Hampelmänner. Und nicht der »Chef« macht sie dazu, sondern der Verfasser des Stückes. Er widersetzt sich einer verlogenen Version und schafft zugleich eine neue Legende, harmloser zwar, doch nicht weniger entfernt von der Wirklichkeit.

Der Held des Dramas soll also ein Dialektiker sein, ein Mann, von dem es im ersten Akt heißt, das Diskutieren sei »seine Masche«. Aber er darf hier nicht diskutieren, er hat keine Gelegenheit, seine Dialektik zu beweisen. Denn niemand tritt auf, der verhindern könnte, daß er sich hinter Witzen verschanzt, niemand, der ihn zwänge zu argumentieren. Und daher haben wir in diesem Stück zwar einzelne geistreiche Äußerungen, jedoch keinen einzigen erwähnenswerten Dialog. Damit mag es auch zusammenhängen, daß dieses Drama, in dem so oft von Bewegung und Veränderung gesprochen wird, auf ärgerliche Weise statisch ist. In jedem der vier Akte versandet die Handlung mehrfach, und damit es überhaupt weitergehen kann, ist immer wieder eine dramaturgische

Eselsbrücke nötig: Alle zehn Minuten muß jemand auf der Bühne erscheinen und etwas melden, berichten oder fordern.

Mit solchen Mitteln läßt sich den Ereignissen vom 17. Juni nicht beikommen. Grass scheint dies genau gespürt zu haben, doch die beiden Szenen im dritten Akt, die der Sache abhelfen sollten, machen sie noch schlimmer. Zuerst wollen die Arbeiter den »Chef« und seinen Dramaturgen kurzerhand aufhängen, nehmen ihnen aber, von einer Parabel beeindruckt, die Schlingen wieder ab. Aufstand, Revolte, Volkszorn? Ich fand es eher komisch und mußte an das lustige Finale aus der »Dreigroschenoper« denken.

Die andere Szene, die das Geschehen ins Theater des »Chefs« zu verpflanzen sucht: Der Maurer stürzt auf die Bühne mit der riesigen roten Fahne, die er vom Brandenburger Tor heruntergeholt hat. In seiner Erzählung und in dem Bericht der ihn begleitenden und heftig schreienden Friseuse hat sich Grass, befürchte ich, vergessen. Was man da zu sehen und zu hören bekommt, ist Lesebuch-Heroismus und nationaler Kitsch. Auch im letzten Akt muß man noch Peinliches ertragen: Ein Regieassistent mimt einen sowjetischen Panzerfahrer, dem Parteidichter Kosanke gerät sein marxistisches Vokabular durcheinander, der »Chef« prophezeit, wie man in den sechziger Jahren in der Bundesrepublik den 17. Juni feiern wird.

Alfred Kerr schrieb einmal: »Geistiges möglichst ungeistig, sinnlich, heiter, unscheinbar zu sagen: es bleibt das letzte Ziel jedes Schriftstellers.«[2] So gesehen, hat Grass seinen Stoff zwar aus dem Geistigen ins Ungeistige übersetzt, aber nicht ins Sinnliche. Er sieht das Exemplarische des Falles Bertolt Brecht, aber statt es mit den Mitteln der Bühne spürbar und sichtbar zu machen, will er es mit Zitaten und Anspielungen verdeutlichen. Er teilt mit, wo er zeigen sollte. Dies gilt auch für die Vorgänge vom 17. Juni. Grass erkennt, daß die historischen Ereignisse ein Gleichnis bergen. Es ist ihm jedoch nicht gelungen, dieses Gleichnis auf der Bühne zu formulieren. Er hat eine Aufgabe auf sich genommen, der er nicht gewachsen war – weder künstlerisch noch intellektuell. Aber welcher deutsche Bühnenautor dieser Jahre ist einer solchen Aufgabe gewachsen?

Indes wäre es ungerecht, wollte man nur die guten Absichten Grass' anerkennen. Auch wenn er kein einziges der von ihm aufgegriffenen fundamentalen Motive tatsächlich ausgeführt hat – mit Talent anzudeuten vermochte er alle. Mag ihm keine einzige Szene gelungen sein – er hat doch eine Fülle von Details und von außergewöhnlich originellen Beobachtungen zu bieten. Oft rutscht er in simple, infantil anmutende Verse ab – noch häufiger weiß er jedoch mit Wendungen der Alltagssprache in Erstaunen zu versetzen. Was immer gegen dieses Stück vorgebracht werden muß – auf jeden Fall ist es ein Gesprächsgegenstand von hoher Bedeutung.

Und doch: Ein deutsches Trauerspiel über ein deutsches Trauerspiel hat sich fast wieder als ein deutsches Trauerspiel erwiesen.

1966

Poesie im Tageslicht

Sind die Lyriker die Tenöre unter den Schreibern? Auf jeden Fall trifft man gerade beim Volk der Dichter und Denker nicht selten auf die Ansicht, man könne entweder Dichter oder Denker, doch schwerlich beides zugleich sein. Ja, man. hört sogar, Dichten beeinträchtige die klare Denkarbeit und Denken schade der holden Dichtkunst.

Nichts einfacher, als für solche Vorurteile und ihre Unverwüstlichkeit vor allem die Konsumenten der Poesie verantwortlich zu machen. Aber man sollte sich lieber an ihre Produzenten halten. Was sich in der Prosa als unverkäuflich erwiesen hatte, wurde von ihnen häufig in Versen feilgeboten und auch an den Mann gebracht. Was zu töricht war, um gesagt zu werden, haben sie gern gesungen. Denn in der Fülle des Wohllauts – oder des vermeintlichen Wohllauts – ließ sich intellektuelle Dürftigkeit effektvoll verbergen: Wer feierlich und geheimnisvoll raunte, brauchte die Frage nach dem Sinn und der Intelligenz seiner Worte am wenigsten zu befürchten. So war in Deutschland das Gedicht oft ein Refugium für Autoren mit einigem Talent zwar, doch mit wenig Geist. Und für ein Publikum, das willig der Aufforderung folgte: Mitzusingen, nicht mitzudenken seid ihr da!

Gilt das auch für unsere Zeiten? Ich weiß, es gab Bertolt Brecht, und es gibt seine ehrenwerten Epigonen. Den Lesern, die noch den Rilkeschen Rhythmus im Blut und die Georgesche Melodie im Ohr hatten, vermochte er zu beweisen, daß die Synthese von Poesie und Intellekt nicht nur nötig, sondern auch möglich ist. In der Hierarchie der deutschen Lyrik steht er »ungeheuer oben«.

Aber trotz Brecht bleibt ein beträchtlicher Teil der deutschen Poesie dieser Jahre der Tradition treu: Sie ist nach wie vor Dichtung für den Feiertag und nicht für den Alltag. Sie eignet sich eher für festliche als für nachdenkliche Stunden. Sie liebt große Worte und dunkle Töne, hymnische Anrufe und priesterliche Gebärden. Respektvoll und bewundernd, doch nicht ohne leises Mißtrauen nenne ich die Namen Ingeborg Bachmann und Paul Celan.

Auf diesem Hintergrund sollten, glaube ich, die lyrischen Versuche des Günter Grass gesehen werden, der seinen Gedichtsammlungen »Die Vorzüge der Windhühner« (1956) und »Gleisdreieck« (1960) jetzt einen dritten Band – »Ausgefragt«[1] – folgen ließ, der nicht nur der umfangreichste ist, sondern mir auch der reichste und reifste zu sein scheint.

Zunächst einmal: Grass hat nichts mit jenen gemein, die singen wollen, weil sie nicht denken können, die dichten, weil ihnen das Schreiben unüberwindliche Schwierigkeiten bereitet. Seine Poesie ist frei vom Erzübel der deutschen Literatur – dem Mißbrauch der lyrischen Form zur Flucht ins Undeutliche und Verschwommene, zum Rückzug ins Unkontrollierbare.

Im Gegenteil: Er begibt sich nicht in den Schutz der Verse, er verbirgt sich nicht im Gedicht. Vielmehr stellt er sich in ihm. Nirgends ist Grass, glaube ich, kühner und natürlicher, aufrichtiger und freimütiger als in der Lyrik. Während andere sich bemühen, ihre Blöße zu poetisieren, wagt er es, sich in der Poesie bloßzustellen. Damit hängt aber die außerordentliche, oft verblüffende und bisweilen ärgerliche Skala seiner Verse zusammen, die in diesem neuen Band noch größer geworden ist: Sie reicht vom Besten bis zum Schlechtesten.

Die Landschaft, die er in seiner Dichtung entwirft, bedarf weder der sonst in unseren Breiten so beliebten Dämmerung noch gar der mysteriösen Dunkelheit. Er bevorzugt das harte und freilich auch gefährliche Tageslicht, das die Konturen scharf und deutlich hervortreten läßt.

Von der feierlichen Rede will er nichts wissen, die Stilisierung ins Würdevolle ist ihm verpönt, das Hymnische fremd. Diese Lyrik kennt weder das Raunen und Flüstern noch, andererseits, den alarmierenden Ruf und den gellenden Schrei. Grass entscheidet sich fast immer für die mittlere Lautstärke: Nicht mit der Akustik des Marktplatzes oder des angeblich existierenden trauten Kämmerleins rechnet er offenbar, sondern mit der eines gewöhnlichen Zimmers. Seine epische Prosa hat einen unverkennbaren lyrischen Untergrund. Für seine Lyrik hingegen ist häufig etwas Prosaisches charakteristisch. Hier wird festgestellt und mitgeteilt, benannt oder veranschaulicht.

Dabei verzichtet er mit erstaunlicher Konsequenz auf Leihgaben aus der Schatzkammer der deutschen Dichtung. Denn dieser Poet mißtraut dem Poetischen. Er verachtet das Dekorative, er widersetzt sich der Symmetrie:

»Alles Schöne ist schief.« Seine einfache Devise lautet: »Nicht schmücken – schreiben:«; wobei der Doppelpunkt – wie Grass selber erklärt – andeuten soll: »Ich komme wieder.« Aber dieser Doppelpunkt, der am Ende des Gedichts »Schreiben« steht, enthält zugleich eine unmißverständliche Aufforderung an die Leser und ist nicht weniger programmatisch als das Fragezeichen nach dem letzten Wort des »Zauberbergs«. Im Grunde laufen alle Grass-Gedichte auf einen Doppelpunkt zu.

Von den Genitivmetaphern, die den meisten deutschen Lyrikern auch unserer Zeit leider rasch aus der Feder fließen, macht er in der Regel keinen Gebrauch. Erspart werden uns ebenfalls jene unaufhörlichen Vergleiche, die sich oft genug als die Hauptelemente versifizierter Schöpfungen erweisen und die der Autor des Bandes »Ausgefragt« höhnisch als »Alleskleber« bezeichnet.

Als er noch ein Anfänger war, 1958, sagte Grass, in seinen Gedichten versuche er, »faßbare Gegenstände von aller Ideologie zu befreien ... und in Situationen zu bringen, in denen es schwerfällt, das Gesicht zu wahren«[2]. Das gilt bis heute: Er genießt die Gegenständlichkeit unserer Welt, deren unvoreingenommene Darstellung schockieren soll. Auch seine neuen Gedichte gehen von Gegenständen und Beobachtungen aus, sie kreisen um bestimmte Vorfälle und Personen, sie wollen vor allem Situationen und Zustände verdeutlichen. Immer entzündet sich seine Phantasie am Konkreten und kehrt, in welche Bereiche sie uns führen mag, schließlich doch zum Konkreten zurück.

Aber mehr noch als in seinen vorangegangenen Sammlungen hat es Grass jetzt auf die unscheinbaren Töne abgesehen, die sich »zwischen Schwarz und Weiß, immer verängstigt, grämen«: Er möchte »das Ungenaue genau treffen«. Um diesem »Ungenauen« beizukommen, um das Unsagbare auszudrücken – und das ist wenn nicht die einzige, so gewiß die wichtigste Aufgabe der Poesie –, verfährt der Lyriker Grass ähnlich wie der Romancier und der Dramatiker, der Publizist und der Rhetor: Er erzählt. Doch handelt es sich hier um ein Erzählen in jenem ursprünglichen und elementaren Sinne, an den uns die Herkunft dieses deutschen Verbums erinnert – um Aufzählen also.

In dem Gedicht »Kleckerburg« beruft sich Grass auf den »Sammeltrieb«, er spricht von den Geschichten und Schmetterlingen, die er »spießte«, und von den Worten, die er »fischte«. Es ist die Rede von seinem »Fundbüro«, in dem es neben »abgetretenen Schwellen« auch »verjährte Schulden« gibt und neben Taschenlampen-Batterien auch »Namen, die nur Namen sind«. In dem Gedicht »Schlager im Ohr« fällt die Zeile auf: »Also Geräusche sammeln und an die Wand pinnen.« Diese Sammelmanie, die übrigens ein zentrales Motiv schon seines frühen Stückes »Hochwasser« (1957) war und die ebenso aus dem Spieltrieb resultiert wie aus dem Bedürfnis, eine Ordnung herzustellen, bewirkt eine der Eigentümlichkeiten der Grassschen Lyrik: Sie ist bei aller Phantastik systematisch.

Farben, Töne und Gerüche, Reminiszenzen, Impressionen und Visionen, Ausdrücke, Einfälle und Gegenstände werden gesammelt und aufgezählt, aneinandergereiht und montiert. Und alle diese Elemente entstammen der Sphäre des Alltags. Das, beispielsweise, sind die Gegenstände, die Grass vor uns ausbreitet: Aschenbecher und

Brillenfutterale, Manschettenknöpfe und Kragenstäbchen, Flaschen und alte Eintrittskarten, Lautsprecher, Bauklötze und Automaten, trocknende Strümpfe, eingesessene Sessel und fettes Stullenpapier.

Diese poetische Welt, in der »vom Rest unterm Nagel« erzählt wird und »vom Knopf und Bodensatz, der übrig blieb«, ist oft skurril und absurd, doch kennt sie keine ausgefallenen oder gar theatralischen Requisiten: Viele Lyriker bieten gern ungewöhnliche Gegenstände in gewöhnlicher Sicht, Grass hingegen macht es umgekehrt. Mit anderen Worten: Nicht die Gegenstände verblüffen, sondern die Perspektive, nicht die Aktionen, sondern die Assoziationen, nicht die Motive, sondern ihre Verknüpfung und Beleuchtung.

Während jedoch Grass in seinen beiden Romanen dem unmittelbaren erzählerischen Impuls allzu bereitwillig nachgibt und daher bisweilen die Selbstkontrolle und den Überblick zu verlieren scheint, während dieser Impuls in seinen Dramen vollkommen verpufft, weil die Umsetzung des Erzählerischen ins Szenische nicht glücken will, wird er in der Lyrik sinnvoll verwertet und endlich einer strengen Disziplin unterworfen: Erst der Vers zwingt Grass zur Ökonomie seiner Mittel, zum sparsamen Umgang mit Worten, zur Knappheit und zur Prägnanz.

Dabei erweist sich, daß artistischer Kalkül und rigorose Selbstbeherrschung die Lebendigkeit und Natürlichkeit des Ausdrucks nicht gefährden. Denn was immer Grass behandeln mag – seine Sprache büßt eher die Anschaulichkeit ein als ihren so charakteristischen »Stallgeruch«: Sie bleibt »stubenwarm« selbst dann, wenn sie die politische Terminologie – von »Proporz« bis »Eskalation«, von »Notstand« bis »Napalm« – reichlich und genüßlich verwendet.

Allerdings sind die Qualitätsunterschiede innerhalb der Sammlung »Ausgefragt« besonders groß. Auf den Geschmack von Günter Grass – wir wissen es längst – kann man nicht bauen, aber wirklich solide und zuverlässig ist nur der Geschmack der mittelmäßigen Künstler, in den höheren Regionen hingegen sind Entgleisungen unvermeidlich und meist nicht sonderlich beunruhigend. Daß aber gerade die politischen Gedichte zu den schwächsten Stücken des Bandes gehören, scheint mir immerhin ein bemerkenswerter Umstand zu sein.

Der Autor der »Blechtrommel« hat seine Leidenschaft für die Politik erst spät entdeckt. Was er versäumt zu haben glaubt, möchte er jetzt um so schneller und eifriger nachholen – auch in der Dichtung. Damit mag zusammenhängen, daß solchen Arbeiten wie etwa »Gesamtdeutscher März«, »Politische Landschaft« und »Neue Mystik« etwas Rasches und Flüchtiges anhaftet und daß in ihnen auch Witzeleien auftauchen, die – nicht zum ersten Mal im Œuvre Grass' – ein wenig pubertär anmuten.

In anderen Fällen – so im »Dampfkessel-Effekt« – wird die Wirkung eines beachtlichen Gedichts durch eine aufdringliche pädagogische (und völlig überflüssige) Schlußfolgerung verdorben. Möglich, daß Grass antworten würde, in solchen Versen sei, grob gesagt, die Politik wichtiger als die Kunst. Das wäre ein bedenkenswerter Standpunkt, nur fehlt wie bisher der Nachweis, daß sich der Lyriker mit dem Verzicht auf literarisches Niveau auch nur den geringsten politischen Einfluß erzwingen kann.

Und was schließlich das umstrittene und allzu redselige Protestgedicht gegen die Protestgedichte (»Irgendwas machen«) betrifft, dem wir zumindest die schöne Zeile »Ohnmacht, dein Nadelöhr ist der Gesang« verdanken, so befürchte ich, daß für dieses Pamphlet gilt, was Grass den ohnmächtigen Versen seiner weniger berühmten Kollegen vorwirft: »Die Herstellungskosten sind gering.« Mit Recht schreibt er: »Ich frage, prosaisch wie mein Großvater, nach dem Zweck.« Genau dies ist die Frage, die auch an den Verfasser des Gedichts »Irgendwas machen« gerichtet werden muß.

Aber den Wert einer Lyriksammlung bestimmen immer nur die besten in ihr enthaltenen Stücke. Einige, die sich in diesem Band finden, erweitern unsere Erfahrung und steigern unsere Sensibilität, indem sie in Bereiche vorstoßen, die einzig der Dichtung zugänglich sind. Ohne sich je vom Gegenstand zu entfernen oder die Grenzen des gewählten Ausschnitts zu überschreiten, läßt uns Grass in Abgründe blicken, die jeder Leser für sich ausloten muß.

»Kleckerburg« ist ein poetischer Bericht über die Wiederbegegnung des Autors Grass mit der Stadt Danzig und mit der eigenen Jugend. Also ein autobiographisches Gedicht? Gewiß, doch zugleich – wie dereinst die Strophen »Vom armen B. B.« – das Gedicht einer Generation, das auch daran erinnert, daß der Dichter seine Zeit darstellt, indem er sich selbst darstellt. Während Grass hier die stärksten Effekte durch überraschende Aussparungen (»Das hieß mal so, heut heißt es so. / Dort wohnten bis, von dann an wohnten«) und scheinbar zufällige Aufzählungen erreicht, hat sein »König Lear« einen konsequenten szenischen Aufbau. Es ist ein Gedicht über Fritz Kortner – und zugleich über das Geheimnis der Kunst schlechthin. Ferner die erotischen Gedichte: »Liebe« (mit dem Stichwort: »Wackelkontakt«), »Ehe« (mit der Schlußzeile: »Du. Ja Du. Rauch nicht so viel«) und, vor allem, »März«, das ein einziges Gefühl umkreist und das uns abermals erkennen läßt, daß sich in der Poesie Rausch und Zucht nicht gegenseitig ausschließen, sondern bedingen. Genug der Beispiele. Grass hat sich seine oft gerühmte Unbefangenheit bewahrt, zu der sich neuerdings eine Abgeklärtheit gesellt, die indes den frischen Glanz, den kräftigen Ton und den herben Reiz dieser Verse nicht beeinträchtigt. Seine Naivität ist nun weiser, seine Verspieltheit raffinierter geworden. Die neuen Gedichte von Günter Grass beweisen, daß sich unsere Welt – trotz allem – der lyrischen Formulierung nicht entzieht. Sie widerlegen auch die Behauptung, der Dichter könne der Gegenwart nur noch ironisch oder parodistisch begegnen. In manchen Versen des Bandes »Ausgefragt« gewinnt die Vergänglichkeit Dauer. Mehr kann von der Poesie nicht erwartet werden.

1967

Eine Müdeheldensoße

Das ist längst nicht mehr der urwüchsige Tausendsassa, der Kritik und Publikum aufschreckte, der Artist, der mit nachtwandlerischer Sicherheit auf hohem Seil agierte, der triumphierende Draufgänger, der seine Kraft und Vitalität kaum im Zaume halten konnte. Auch ihn, den nicht zufällig und nicht zu Unrecht berühmtesten Dichter des heutigen Deutschland, haben die sechziger Jahre gewandelt, geschwächt vor allem und vielleicht sogar gelähmt. Das zeigt sein neuer Roman, der erste nach sechs Jahren, mit greller und unbarmherziger Deutlichkeit.

Der dieses Buch mit dem Titel »Örtlich betäubt«[1] geschrieben, erinnert an einen offenbar schwer angeschlagenen und daher gereizten Boxer, der sich jetzt unsicher und manchmal sogar unbeholfen im Ring bewegt, an einen müden und lustlosen Akrobaten, dem das Malheur passiert ist, sein Selbstvertrauen zu verlieren.

Einstweilen scheint der unvergleichliche Zigeunervirtuose unter den deutschen Erzählern eingebüßt zu haben, worauf sein Weltruhm fundiert war und ist – seine Phantasie, sein Temperament, seine Originalität. »Örtlich betäubt« erweist sich als ein vornehmlich epigonaler

Roman, der Anzeichen eines typischen Alterswerks trägt. Wie, ein zweiundvierzigjähriger Autor, und schon ein Alterswerk? Hier eben liegt der Hund begraben.

»Ich glaube nun mal an Geschichten« – läßt Grass seinen Helden und Ich-Erzähler, den wie er selber 1927 geborenen und aus Danzig stammenden Studienrat Starusch erklären. Doch nichts weist daraufhin, daß auch der Autor von »Örtlich betäubt« noch glaubt, es ließe sich den Fragen unserer Zeit in und mit Geschichten beikommen. Aus diesem Mißtrauen vor allem resultiert die Form des neuen Grass-Romans, der sich so offenkundig von seinen Vorgängern unterscheidet.

Denn die Komposition von »Örtlich betäubt« hat so gut wie nichts gemein mit jenem farbig-kuriosen Bilderbogen, jenem kleinbürgerlichen Pandämonium, das uns von einem trommelnden Zwerg präsentiert wurde; und dieser Roman ähnelt auch nicht einer Sammlung von Märchen und Legenden, Anekdoten und Genreszenen, Parabeln und Skizzen – denn das »Hundejahre« betitelte Buch war nichts anderes als eine solche Sammlung in sich geschlossener (und zum Teil hervorragender) Abschnitte und Episoden.

Sowohl »Die Blechtrommel« als auch die »Hundejahre« leben von den vielen Nummern und Einlagen. »Örtlich betäubt« ist keine Nummernoper mehr – und auch keine geradlinig-übersichtliche Erzählung wie »Katz und Maus«.

»Man kann eine Geschichte in der Mitte beginnen und vorwärts wie rückwärts kühn ausschreitend Verwirrung anstiften« – hieß es im ersten Kapitel der »Blechtrommel«. Was Grass damals verspottet hat, das eben tut er jetzt: Die Geschichte des Studienrats Starusch beginnt in der Mitte, da er sich auf dem zahnärztlichen Behandlungssessel seinen Erinnerungen und seinen in die Vergangenheit projizierten Phantasien hingibt, uns aber andererseits mit allerlei Hinweisen auf die ihm bevorstehenden Auseinandersetzungen mit dem Schüler Scherbaum und mit der Lehrerin Seifert vorbereitet. Vorwärts wie rückwärts ausschreitend, wenn auch nicht gerade kühn, stiftet Grass tatsächlich Verwirrung, die sich jedoch in Grenzen hält.

Statt der von ihm früher gebotenen Nummernfolge haben wir jetzt eine Mixtur kleiner und kleinster Prosaeinheiten. So reiht Grass aneinander und würfelt durcheinander: Augenblicksbilder und Impressionen, Gesprächsfetzen und Bruchstücke innerer Monologe, Bemerkungen und Beschreibungen, Reflexionen und Reminiszenzen, Stichworte und Zitate. Die meisten dieser Splitter, Schnappschüsse und Abläufe erweisen sich als mehr oder weniger statische Fertigteile, als eine Art Versatzstücke, die recht beliebig und willkürlich eingefügt oder eingeblendet und mit anderen Elementen verknüpft werden.

Als überraschend oder neu kann diese Lösung schwerlich gelten. Denn was in »Örtlich betäubt« eher linkisch als virtuos, eher mühselig als souverän Urständ feiert, ist ebenso die gute alte Technik der Montage und Collage wie die pointillistische Manier und die kaleidoskopische Komposition.

Schon 1913 plädierte Alfred Döblin, den Grass gern als seinen Lehrmeister bezeichnet, für »einen Kinostil«; er empfahl dem Roman vor allem die Notierung »rapider Abläufe« und das »Durcheinander in bloßen Stichworten«, wodurch die dargestellte Realität nicht »wie gesprochen, sondern wie vorhanden« erscheinen sollte.[2] Döblin,

der seine (hier natürlich nur angedeuteten) Postulate in
»Berlin Alexanderplatz« überzeugend, ja glanzvoll ver-
wirklicht hat, vermochte auf die Erzählweise deutscher
Romanciers nach 1945 einen stilprägenden Einfluß auszuüben, der sich nur noch mit dem Kafkas vergleichen
läßt und der von Koeppen und Arno Schmidt über Grass
und Uwe Johnson bis zu Hubert Fichte reicht.

Aber dieser »Kinostil«, der einst dem »Rastlosen« und
»Flatternden« gerecht werden sollte, wirkt mittlerweile ein
wenig betulich und kann – wie die Prosa Arno Schmidts,
des konsequentesten Döblin-Nachfolgers, gezeigt hat –
auch zur unfreiwilligen Komik führen. Grass wird sich
dessen bewußt gewesen sein, und doch konnte er es
nicht vermeiden, daß sich sein Roman streckenweise wie
ein den Theorien Döblins mit arger Verspätung nachge-
lieferter Beleg liest, wie ein Buch im Sinne der aus den
fünfziger Jahren stammenden (und ihrerseits epigonalen)
»Berechnungen« Arno Schmidts.[5]

Doch die Muster, die Grass übernimmt, die Techniken,
die er anwendet, können die entscheidende Tatsache nicht
verbergen, daß der artistische, der unmittelbare erzählerische Impuls, dem er in seinen frühen Romanen allzu
bereitwillig nachgegeben hatte, hier ganz und gar fehlt.
Wenn aber der Geschichtenerzähler sich gezwungen sieht
zu verstummen und auch der Lyriker nicht recht zum
Zuge kommen kann, ist der Romancier Grass verloren.
Denn mit mehr oder weniger geschickten Kunstgriffen
und simpler Deklaration läßt sich kein Roman bestrei-
ten – und darauf läuft »Örtlich betäubt« hinaus.

Für die hier so reichlich gebotenen Tricks und Gags,
Schnitte und Sprünge, Rückblenden und Überblenden

findet Grass eine im ersten Augenblick verblüffende formale Rechtfertigung: Starusch sieht seine Vergangenheit und seine Phantasien auf einem neben dem zahnärztlichen Behandlungssessel zwecks Ablenkung des Patienten aufgestellten Fernseh-Bildschirm. Doch sehr bald erweist es sich, daß Grass diesem Einfall nur wenig abgewinnen kann.

Während er in der »Blechtrommel« nichts verkünden und alles zeigen wollte, wird hier stets nur verkündet und kaum etwas gezeigt.

Ob sich Grass für die Totale entscheidet (»Die Stimme des Betriebsingenieurs wird langsam ausgeblendet. Die Kamera folgt dem Kaminrauch. Totale der Abgase und ihrer wolkenden Dynamik. Danach rauchverhangene Vogelflugtotale der Voreifel ...«), ob er die Großaufnahme bemüht (eine Kamera »holt jetzt das Zahnfleisch des Patienten ganz nahe heran: der Dreifingergriff und die suchende Injektionsnadel in der Maulsperre füllen das Bild«) oder die Fassade eines Bahnhofs mit bloßen Stichworten zu beschreiben versucht (»Geschwärzter Sandstein. Überm Granitsockel grob gespitzt. Bahnhofsskulpturen, Kriegsschäden, immer noch«) – im Grunde ist es nahezu immer Feststellung statt Darstellung, Mitteilung statt Vergegenwärtigung. Statt Bilder, Szenen und Situationen erhalten wir bestenfalls Fakten, Thesen und Informationen.

Und statt Menschen lassen sich in diesem Roman lediglich Schemen blicken. »Ich hasse das Eindeutige« – bekennt der Studienrat Starusch; Grass hingegen liebt offensichtlich eindeutige, mit möglichst wenigen Attributen versehene und marionettenhaft agierende Figuren. Sie sind meist von einer fixen Idee befallen, was für den Leser noch kein Unglück wäre, wenn sie sich nicht immer wieder darüber verbreiten müßten.

So wird der Schüler Scherbaum offenbar nur von einem einzigen Gefühl und Gedanken beherrscht. Er will als politische Demonstration seinen Dackel auf dem Kurfürstendamm verbrennen. Da es sich bei diesem Schüler um einen protestierenden Intellektuellen handelt, verfertigt er selbstverständlich »Lieder zur Guitarre« mit »Weltschmerz und Engagement«. Seine Freundin Vero Lewand trägt – dies wird uns sehr häufig mitgeteilt – »zinkgrüne Strumpfhosen«, also beunruhigt sie ihren Lehrer und »fordert als Unterrichtsfach Sexualkunde, die sich nicht auf biologische Fakten beschränkt«.

Von dem aus der Kriegsgefangenschaft entlassenen Feldmarschall hören wir stets nur, daß er die in Wirklichkeit verlorenen Schlachten im Sandkasten zu gewinnen versucht. Hier hat Grass möglicherweise einen guten Einfall verschenkt. Auch aus der Lehrerin Irmgard Seifert, die unentwegt über ihre BDM-Vergangenheit redet (»Damals und jetzt: immer spricht sie in hallende Räume hinein«), hätte wohl eine Romangestalt werden können und nicht nur eine läppische Schwankfigur.

Von allen diesen Schemen geht jedoch – mir jedenfalls – am meisten der geschwätzige Zahnarzt auf die Nerven, ein »fortschrittsgläubiger Klugscheißer«, »tüchtiger Fachidiot« und »betriebsblinder Menschenfreund«, der mit seinen Ausführungen über die Zahnheilkunde in Vergangenheit und Gegenwart die Geduld der Leser grausam überfordert. Was mag wohl Grass veranlaßt haben, »Örtlich betäubt« mit derartigen Exkursen und

– an anderen Stellen – auch noch mit Beschreibungen der Zementproduktion zu belasten?

Seine Apologeten werden vielleicht sagen, die starrsinnigen Wiederholungen seien als Leitmotive zu verstehen, die Monotonie sei hier ein bewußt eingesetztes Kunstmittel. Schon möglich, nur bin ich gegen Monotonie, auch wenn sie angestrebt war, was ich übrigens in diesem Fall nicht glaube.

Daß es sich immer wieder statt um Figuren lediglich um primitive Demonstrationsobjekte handelt, wäre ja noch nicht so schlimm, wenn Grass mit ihrer Hilfe tatsächlich etwas Nennenswertes demonstriert hätte. Aber wozu der Nachweis, daß alte und überdies geschlagene Feldmarschälle lächerlich und unbelehrbar sind? Lohnt es sich, lang und breit einen Mann zu verspotten, der, wie jener Zahnarzt, glaubt, die Probleme der Menschheit ließen sich durch eine »allesumfassende Weltkrankenfürsorge« lösen? Eine derartige satirische Kritik – denn dies war wohl beabsichtigt – der Betriebsblindheit und »Fachidiotie« scheint nur, schlicht gesagt, albern zu sein.

Nicht nur albern, sondern auch gefährlich sind ausnahmslos alle in dem Roman enthaltenen Versuche, sich mit jenen Phänomenen auseinanderzusetzen, die man als Protestbewegung der Jugend, als Neue Linke oder als Außerparlamentarische Opposition zu bezeichnen pflegt.

Es ist ebenso aufschlußreich wie fatal, daß Grass zur Zielscheibe seiner teils gutmütig-schulterklopfenden, teils simplen und beschränkten Kritik zwei Halbwüchsige macht, zumal einen siebzehnjährigen Gymnasiasten, der gegen den Vietnamkrieg kämpft und sich zugleich um die Genehmigung für eine »Raucherecke« in seiner

Schule bemüht. Nicht ohne Konsequenz wird von Grass die Protestbewegung infantilisiert und damit verniedlicht und bagatellisiert. So erscheint ein jedenfalls sehr ernstes politisches Phänomen unserer Zeit als eine etwas komische Revolte, die ihren Ursprung vor allem in Pubertätsnöten hat. Des Beifalls aller Spießer und Reaktionäre darf Grass – sosehr ihm davor graut – nun sicher sein.

Alles, was mit diesem Schüler Scherbaum, der sich rasch von seiner Rebellion abbringen läßt, zusammenhängt, wird noch fragwürdiger, weil wir ihn nur aus der Sicht jenes Studienrats geboten bekommen, der hier die mehr oder weniger resignierten Intellektuellen der Grass-Generation zu repräsentieren hat.

Auch er ist nur eine Marionette, ein Konglomerat aus ziemlich fahrlässig zusammengetragenen Elementen mit viel Koketterie und Sentimentalität, ein Wesen – um seine eigenen Worte zu zitieren –, »gemischt aus wohldosiertem Selbstmitleid und männlicher Melancholie. (Die Müdeheldensoße.)« Den Schüler Scherbaum belehrt er: »Auch wenn du recht hast, das lohnt nicht. Als ich siebzehn war, hab ich auch. Wir waren gegen alle und alles. Nichts wollte ich erklärt bekommen, wie du. Und wollte nicht so werden, wie ich jetzt bin.«

An einer anderen Stelle erklärt er, der sich selber einen »liberalen Marxisten« nennt, es sei kein Strom da, »gegen den zu schwimmen sich lohnte«. Das also ist seiner Weisheit letzter Schluß. Lohnt es sich, einem solchen Mann so viel Aufmerksamkeit zu widmen und ihn zart und liebevoll zu verspotten?

Allerdings waren in der Epik von Grass die Milieuschilderungen fast immer markanter als die Figuren,

Stimmung und Lokalkolorit wirkten stärker als Aktion und Fragestellung. Doch ist in »Örtlich betäubt« auch von jenen Tugenden seiner Prosa, auf die man sich am sichersten verlassen konnte, nicht viel geblieben.

Die hier und da auftauchenden kaschubischen Akzente und Danzig-Reminiszenzen scheinen von einem nur mäßig begabten Grass-Epigonen zu stammen. Von der Atmosphäre Westberlins ist nichts zu spüren. Was der Kurfürstendamm sein soll, könnte ebenso »Jungfernstieg« oder »Leopoldstraße« heißen. Und nichts läßt darauf schließen, daß es sich immerhin um eine geteilte Stadt handelt. Die Personen haben keine Familie und keinen Hintergrund, wobei es übrigens Grass völlig entgangen ist, daß sich in der Regel Zahnärzte, Lehrer und Schüler in Berlin von jenen in Köln oder Stuttgart doch ein wenig unterscheiden.

Daß Grass in diesem Roman nur mit einer mühseligen und farblosen Konstruktion und eben nicht mit einer diskutablen epischen Vision aufwartet, hat natürlich mit seiner Sprache zu tun oder, genauer, mit ihrer Veränderung im Laufe der letzten Jahre: Was einst drall und deftig war, ist jetzt dürr und dürftig.

Seiner heutigen Diktion fehlt vor allem jenes spezifische Aroma, das er selber einmal als »Stallgeruch« bezeichnet hat. »Der verzahnte Mief« oder die »langgezogene Beharrlichkeit mit flatternder Wäsche am Heck« oder die inzwischen mehrfach zitierten »kuchenfressenden Topfhüte« – mir fällt es schwer, derartigen Bildern eine zwingende Anschaulichkeit nachzurühmen. Ich habe auch den Eindruck, daß etwa das Wort »Rittergestühl« (für einen zahnärztlichen Behandlungssessel) oder die (höchst banale) Sentenz »Schon im Davor beginnt das Danach« nicht sprachliche Kraft beweisen, sondern eher Originalitätssucht.

Gibt es nichts in »Örtlich betäubt«, was sich loben ließe? Gewiß finden sich in Dialogen wie Beschreibungen auch solche Passagen – darunter sind einige bemerkenswerte erotische Akzente –, die an die besten Seiten von Grass erinnern. Indes glaube ich, daß man ihn beleidigt, wenn man ihn mit dem barmherzigen Hinweis zu retten oder zu trösten versucht, in seinem verdorbenen Teig seien immerhin einige Rosinen enthalten. Ihre Existenz kann nichts an der Tatsache ändern, daß Grass mit »Örtlich betäubt« auf einem Tiefpunkt seines Weges angelangt ist.

Wird sich das Buch später einmal als Dokument lediglich einer kritischen Übergangszeit im Leben seines Autors erweisen? Dies kann niemand voraussagen, man kann es nur hoffen und wünschen. Wie dem auch sei: Vorerst präsentiert sich der jugendlich-berserker-hafte Stürmer und Dränger von gestern als ein müder, schwächlich-schwermütiger Chronist. Aus dem grimmi-gen Idylliker ist ein elegischer Räsoneur geworden, aus dem bösen Provokateur ein lamentierender Protokollant.

Aber wie einige schlechte Romane Alfred Döblins seine Größe nicht zu schmalem vermochten, so wird auch das Buch »Örtlich betäubt« dem Ruhm des Günter Grass nichts anhaben.

Nur daß die Frage nach der Situation der deutschen Literatur dieser Jahre wichtiger ist als jene nach dem Ruhm ihres erfolgreichsten Repräsentanten. Mit anderen Worten: Handelt es sich hier um einen individuellen, einen singulären Fall? Oder ist etwa dieser Fall – in des

Wortes doppelter Bedeutung – als ein Symptom zu werten, als ein Alarmsignal, das uns den Zustand der zeitgenössischen deutschen Literatur bewußt macht?

1969

Von im un synen Fruen

Was immer für oder gegen den »Butt«[1], diesen riesigen Brocken deutscher Prosa, zu sagen ist, wer ihm mit einseitigen und extremen Urteilen beizukommen versucht, kann ihm auf keinen Fall gerecht werden. Denn wer sich von dem Roman gelangweilt abwendet – und das tun viele, denen die seit Monaten im Umlauf befindlichen Vorausexemplare zugänglich waren –, der übersieht, daß hier immerhin Abschnitte und Episoden zu finden sind, die zum Besten gehören, was in unseren siebziger Jahren geschrieben wurde. Doch wer das Buch ohne Bedenken befürwortet und als Glanzleistung feiert (und auch an solchen Urteilen mangelt es nicht), der verkennt offenbar, daß dieses Ergebnis einer gewaltigen, einer oft aufdringlich spürbaren schriftstellerischen Anstrengung umfangreich und dürftig zugleich ist: Ungeachtet eines erstaunlichen Reichtums an Einfällen und Motiven vermag »Der Butt« unser Weltbild nur in unverhältnismäßig bescheidenem Maße zu erweitern oder zu vertiefen.

Ein bedächtig abwägender und sorgfältig kalkulierender Artist, einer, der seine Mittel stets gewissenhaft wählt und exakt prüft, war Grass schon immer: Stets widmet er der formalen Konzeption viel Zeit und Aufmerksamkeit, jeder seiner Romane hat einen minuziös durchdachten Grundriß. Nie jedoch war die Komposition so verzweigt und kompliziert, so ausgeklügelt und raffiniert wie im »Butt«. Das hat gute Gründe, und man sollte sie nicht anderswo suchen als im bisherigen Werk und Weg des Schriftstellers Grass.

Er hat schon viele Niederlagen hinnehmen müssen. Sein erster Gedichtband (»Die Vorzüge der Windhühner«, 1956) wurde überhaupt nicht beachtet. Seine Stücke sind allesamt durchgefallen. Und als Erzähler war der jetzt Fünfzigjährige lediglich am Anfang seiner Laufbahn erfolgreich – nämlich mit dem Roman »Die Blechtrommel« (1959) und mit der Novelle »Katz und Maus« (1961). Aber schon der Roman »Hundejahre« (1963) hat enttäuscht und wurde meist als bemühter Neuaufguß des epischen Erstlings empfunden. Ähnlich wie »Die Blechtrommel«, nur noch viel deutlicher, ließen die »Hundejahre« einen Umstand erkennen, der auf den ersten Blick in Erstaunen versetzen muß: Der berühmte Romancier Grass ist im Grunde kein Romancier, sondern ein Geschichtenerzähler. Gewiß, seine Vitalität braucht keine Vergleiche zu scheuen: Sie ist einzigartig. Doch entfalten und bewähren kann sie sich ausschließlich in begrenzten Episoden, in mehr oder weniger isolierten Szenen, in Nummern und Einlagen.

Aus der Not wußte Grass eine Tugend zu machen: So ist die (inzwischen oft nachgeahmte) Bilderbogen-Konzeption seiner beiden frühen Romane entstanden. Nicht Symphonien ähneln sie, wohl aber Suiten. Es sind also Folgen von Einzelstücken, die in der »Blechtrommel« immerhin durch die zentrale Figur zusammengehalten

werden. Aber eine solche Gestalt wie jener Oskar Matzerath, der alles wahrnehmen und durchschauen kann,
weil er seiner Umwelt mit der Amoralität eines kleinen
Kindes begegnet, ist Grass nie wieder gelungen. Den
»Hundejahren« fehlt, zusammen mit einer zentralen
Figur, auch der tragende Einfall: Das Buch ist nicht mehr
und nicht weniger als eine Sammlung literarischer Arbeiten von unterschiedlicher Art und Qualität.

Mit den »Hundejahren« war der Epiker Grass, schon
sehr früh, in eine Sackgasse geraten. Offenbar entschlossen, neu anzusetzen, ließ er sich von Alfred Döblin und
seinem »Kinostil« inspirieren und lieferte in »Örtlich
betäubt« (1969), statt der von ihm früher gebotenen Nummernfolge, nunmehr eine Mixtur kleiner und kleinster
Prosaeinheiten: Grass versuchte es mit der Technik der
Montage und Collage, mit der kaleidoskopischen Komposition. Auch für das »Tagebuch einer Schnecke« (1972)
ist die Collagetechnik charakteristisch: Der bundesdeutschen Gegenwart sollte hier ein autobiographischer
Rechenschaftsbericht gerecht werden, der nationalsozialistischen Vergangenheit hingegen die Verknüpfung
epischer und dokumentarischer Elemente.

Beide Bücher, heute schon gründlich vergessen, sind
gleichwohl aufschlußreich als deprimierende Belege der
literarhistorischen Situation um 1970. Denn sie zeigen
erneut, daß die damaligen Bemühungen, die deutsche
Gegenwartsliteratur um jeden Preis zur Magd der Politik
zu degradieren, zwar nicht die Politik verändert, doch die
Literatur ruiniert haben. Auch die des Günter Grass. Er
war auf einem Tiefpunkt seines Weges angelangt. Die
Folgerung, die er daraus gezogen hat, also der Versuch,

die ebenso individuelle wie allgemeine Krise zu überwinden, das eben ist der Roman »Der Butt«.

Zunächst fällt zweierlei auf. Politisches, das in den letzten Prosabüchern von Grass im Mittelpunkt stand, findet sich hier erst gegen Ende und nur am Rand. Und auch im Formalen erweist sich »Der Butt« als unmißverständliche Absage an die wenig glücklichen Experimente mit der Montage-Technik und als bewußte Rückkehr zu den Anfängen der Grassschen Epik. Ähnlich wie »Die Blechtrommel«, wie die »Hundejahre« ist auch »Der Butt« eine große Nummernoper, ein farbenprächtiger und kurioser Bilderbogen mit vielen frappierenden Geschehnissen und schockierenden Schilderungen. Aber anders als in den »Hundejahren« fehlt es jetzt keineswegs an einem scheinbar soliden Rahmen.

Es beginnt mit der Zeugung eines Kindes und endet mit seiner Geburt. Den neun Monaten der Schwangerschaft entsprechen die neun Kapitel des Romans. In ihnen erzählt ein in der Bundesrepublik lebender Schriftsteller, den man natürlich nicht mit Günter Grass gleichsetzen darf, der ihm jedoch so auffallend ähnelt, daß es fast unmöglich ist, die beiden nicht miteinander zu verwechseln, der künftigen Mutter seines Kindes allerlei Geschichten. Er nennt sie Ilsebill, und schon dieser Name verweist auf die literarische Arbeit, von der sich Grass anregen ließ: Es ist das alte Märchen »Von dem Fischer un syner Fru«.

Wie in dem Märchen ist auch hier die Frau die Unzufriedene, die Fordernde, auch bei Grass ist der Mann ihr ergeben, ja fast hörig, auch in dem Roman ist die Schlüsselfigur der den Weltgeist verkörpernde, der redende Butt,

der freilich jetzt weniger Wünsche erfüllt als vor allem
Ratschläge erteilt. Diesen Butt hat der Ich-Erzähler vor
Jahrtausenden geangelt und wieder schwimmen lassen:
Die zwischen den beiden getroffene Vereinbarung erinnert von weitem an den Vertrag eines anderen deutschen
Intellektuellen mit dem leibhaftigen Satan. Der Fisch
erhält die Freiheit und wird dafür »der Männersache für
alle Zeit als Berater« dienen: »Deine Großmut verpflichtet
mich, dich mit weltweit gesammelten Informationen zu
versorgen.«

Vor Jahrtausenden? So ist es in der Tat, denn die
Geschichten, mit denen der Ich-Erzähler seine schwan-
gere Ilsebill unterhält, spielen zwar alle (mit einer einzigen und sehr wichtigen Ausnahme) in derselben Gegend
(es »ist die mündende Weichsel der exemplarische Ort«),
doch in den unterschiedlichsten Epochen – von der Steinzeit bis zu unseren siebziger Jahren. Und immer ist er,
der heute erzählende Schriftsteller, mit von der Partie: Als
Fischer oder Schäfer, als Mönch oder Bischof und in vielen anderen Rollen wandert er durch die Jahrhunderte,
durch die Jahrtausende, durch diesen Roman. Stets ist
er ein eher unheroischer Zeitgenosse, dessen Interesse
vor allem Frauen und dem Essen gilt. Also liebt er (logi-
scherweise) ganz besonders Köchinnen: Ihnen dient er,
mit ihnen hadert er, von ihnen ist er abhängig. Allerdings
bekennt er programmatisch: »Nur von Köchinnen kann
ich erzählen, die in mir hocken und rauswollen.« So lesen
wir von dem Grass un synen Fruen.

Nein, dieses Buch bietet weder ein Selbstporträt noch
eine Lebensbeichte oder gar eine Autobiographie. Vielmehr mythologisiert Grass sein Verhältnis zu Frauen, er

leistet sich, kühn und auch waghalsig, eine private Mythologie. Die Hoffnungen und Sehnsüchte, die Befürchtungen und Alpträume eines ganzen Lebens verwandelt er in poetische Bilder, die er gleichsam auf eine große Leinwand projiziert. Denn das eben sind alle diese Sagen und Legenden, Märchen und Parabeln, deren Motive Grass bisweilen gefunden, doch meist erfunden hat: Bilder. Das Visuelle dominiert, das Szenische. Was er erzählt, läßt sich zeichnen, womit freilich auch angedeutet ist, daß der Roman trotz seiner unzähligen Vorgänge und Geschehnisse eher statisch als dynamisch anmutet.

Von diesen Köchinnen in ihm weiß Grass Wunderliches zu berichten. Die erste, Aua, die in der Steinzeit lebte, war mit drei Brüsten bestückt und hatte in ihrer Tasche (womit keineswegs ein Gegenstand gemeint ist, sondern ein weiblicher Körperteil) den Menschen das vom himmlischen Wolf gestohlene Feuer gebracht. Die elfte und letzte der Köchinnen, Maria, arbeitete in der Kantine jener Danziger Werft, wo im Dezember 1970 der Aufstand der polnischen Arbeiter begann. Dazwischen gibt es Geschichten von Heiligen und Hexen, von treusorgenden Mägden und perfiden Mörderinnen, von ergebenen, rebellischen und herrschsüchtigen, von liebenden und hassenden Frauen. Das Welttheater des Günter Grass ist wieder einmal ein Panoptikum, makaber und komisch, bizarr und deftig zugleich.

Aber niemand braucht zu befürchten, der Autor dieses Romans habe lediglich Unterhaltsames und Aufregendes erzählen wollen. Den grellen Bilderbogen ergänzt eine schon im ersten Kapitel des Buches einsetzende Parallelhandlung, in der das Ideologische, wenn auch meist auf parodistische Weise, zu seinem Recht kommt. Der Sache liegt wieder ein märchenhaft-sonderbarer Einfall zugrunde. Jener Butt nämlich, dem vom Ich-Erzähler einst das Leben geschenkt wurde und der ihn Jahrtausende lang »beraten, belehrt, indoktriniert, zum Mannestum erzogen und kategorisch unterwiesen hat, wie die Frauen fügsam bettwarm zu halten und bei heiterem Gemüt in stille Duldung einzuüben seien«, wird in unseren Tagen wieder geangelt, diesmal von »drei hartgesottenen Mädchen«, die »ziemlich alles Scheiße nennen, beschissen finden oder bekackt«. Feministinnen sind es. Sie bringen ihn nach Berlin, er befindet sich »in Untersuchungshaft«, er muß sich vor einem feministischen Tribunal, das in einem ehemaligen Kino stattfindet, verantworten.

Dort also, in einer mit Ostseewasser gefüllten Zinkwanne schwimmend, wird der Butt angeklagt, »seit Ende der Jungsteinzeit in beratender Funktion ausschließlich, und bewußt zum Schaden der Frauen, die Männersache betrieben zu haben«. Jenen Lesern, die vielleicht nicht sogleich merken, daß es in den einzelnen Prosastükken dieses Buches um das bittere Los der Frauen unter männlicher Vorherrschaft geht (und um ihren Anteil, wenn nicht an der Weltgeschichte, so immerhin an der Geschichte der Ernährung), helfen der Butt und die ihn anklagenden und richtenden Damen auf die Strümpfe.

Kurz und gut: ein außergewöhnlich reichhaltiger Roman, ein Autor, dessen Phantasie keine Grenzen zu kennen scheint. Aber warum wird man während der Lektüre oft ungeduldig, warum ist »Der Butt«, alles in allem, dennoch enttäuschend? Der Roman will zuviel und leistet zuwenig. Anders ausgedrückt: Je mehr er uns bietet, desto mehr bleibt er uns schuldig. Er spielt in allen Epochen von der Steinzeit bis heute – und deshalb spielt er in keiner. Der Ich-Erzähler, dessen Figur alles miteinander verbinden sollte, muß auch, wie schon erwähnt, immer und überall auftreten: Er wird vom Autor wie ein Joker behandelt, der für jede beliebige Funktion verwendbar sein soll. Darüber verliert er sein Gesicht: Nur in der breiten Rahmenerzählung kann er individuelle Züge gewinnen.

Ähnlich verhält es sich mit seiner Partnerin Ilsebill. Auf der ersten Seite heißt es: »Und auch Ilsebill war von Anfang an da.« Das ist unmißverständlich: Sie soll alle Frauen dieser Erde repräsentieren, das Ewig-Weibliche verkörpern, ein Zeichen sein und ein Symbol. Aber es ist sehr riskant, in einem Roman ein Symbol auf zwei Beinen umhergehen zu lassen. Jedenfalls wird die unentwegt eine neue Geschirrspülmaschine wünschende Ilsebill, obwohl von ihr im »Butt« so häufig die Rede ist, nie recht sichtbar: Sie agiert wie eine Marionette und nicht wie ein lebender Mensch.

Zuviel und zuwenig – das gilt auch für die Gags und Pointen, für die unzähligen Einfälle. Sie sind oft grandios, ergeben jedoch nicht viel, sie werden verschenkt oder schlagen sich gegenseitig tot, sie wirken, in vielen Fällen, wie nur aufgesetzte statische Elemente: Welch Kabarett, aber ach, ein Kabarett nur! Diese ständige Jagd nach Gags und Pointen, die schon »Die Blechtrommel« und erst recht die »Hundejahre« beeinträchtigt hat, wird im »Butt« noch durch das Thema der meisten Geschichten begünstigt. Denn die Hinwendung zur fernen Vergangenheit, zu

Sagen, Mythen und Legenden verführt Grass zum Drauf-losfabulieren, sie erweist sich nicht selten als Rückzug ins Unverbindliche und Unkontrollierbare, ins Beliebige. Daher drängt sich nach mancher dieser allzu effektvollen Geschichten, dieser Moritaten in Prosa, die simple Frage auf: Wozu der Aufwand? Was soll's?

Wieder einmal erweist es sich, daß dieser große Künst-ler nur wenig Sinn für Ökonomie und Proportionen hat. Die ganze ausgetüftelte Komposition des Romans kann ihre Aufgabe nicht erfüllen, wenn sich Grass in der Hitze des Gefechts nicht nur von seinen Gags hinreißen läßt, sondern auch noch ohne Pardon belehrende kulturge-schichtliche Darlegungen einfügt (auf die meisten würde man gern verzichten) und überdies sogar Reiseberichte – von seinem Besuch in Indien und von einem Danzig-Aufenthalt zu Fernsehaufnahmen, Bildungsprotzerei und Resteverwertung – beides kann einem Roman schwerlich bekommen.

Niemand wird der Parallelhandlung – der Butt als Angeklagter vor dem feministischen Tribunal – Humor und Originalität absprechen wollen, zumal es Grass gelingt, die gutmütige Verspottung der Frauenrechtle-rinnen mit einer witzigen Parodie politischer Prozesse in der Bundesrepublik zu verbinden. Aber was für eine Humoreske von, sagen wir, dreißig Seiten ausgereicht hätte, wird breitgewalzt, ermüdet durch Wiederholungen und publizistische Einlagen und wirkt schließlich eher albern.

Und wie in seinen frühen Romanen ist es wieder Gras-sens Ehrgeiz, gegen Tabus anzurennen, die Leser um jeden Preis zu schockieren und die Bürger zu schrecken.

Doch dies alles war zu Zeiten der »Blechtrommel« und der »Hundejahre« leichter zu haben als heute. Wo gibt es noch Tabus, deren sich die deutsche Literatur nicht angenommen hätte? Womit kann man die vernünftigeren Zeitgenossen noch schockieren? Grass versucht es mit einem Kapitel »Den Kot zu beschauen« und kommt immer wieder auf die Verdauung zu sprechen und auf allerlei Phänomene, zumal akustische, die mit ihr zusammenhängen. In einem Rabelais nachempfundenen, glanzvoll-deftigen Porträt wird der Äbtissin Margarete Rusch, die übrigens das linke Hodenei eines Predigers abgebissen und verschluckt hat, der »unbekümmerte Mut« nachgerühmt, »die Darmwinde streichen zu lassen«, auch während der Mahlzeiten.

An einer anderen Stelle des Romans heißt es: »Wer den Furz seiner Liebsten nicht riechen kann, der soll nicht von Liebe reden.« Dieses Postulat des deutschen Dichters dürfte in der erotischen Weltliteratur ein Novum sein. Ein anderes Beispiel: Während eines Grunewald-Ausflugs besteigt eine junge Frau eine Kiefer. Doch über allen Gipfeln ist keine Ruh: Die Dame muß dringend onanieren. Wir wissen es längst: Auch Damen onanieren gern und oft. Aber muß es gerade auf dem Gipfel einer Kiefer sein? Der Stich ins Pubertäre und Infantile ist in diesem Roman unverkennbar und oft unerträglich. Nicht, daß Grass hier vor allem Skurriles herausgreift und fast wollüstig schildert, scheint mir bedenklich, sondern daß er nicht darauf verzichten will, die Welt zu skurrilisieren. Darf das der Satiriker nicht? Der Satiriker darf alles, nur muß es vom Ergebnis gerechtfertigt werden. Dies ist hier, fürchte ich, nicht der Fall.

Auch in der »Blechtrommel« war das Puerile ein wesentliches Element des Ganzen, auch dort wurde das Skurrile hartnäckig akzentuiert und die Welt in ein Panoptikum verwandelt, auch damals war Grass oft an simplem Bürgerschreck gelegen. Doch das alles schien legitimiert durch die Person des Ich-Erzählers, jenes Oskar Matzerath, dessen Programm der totale Infantilismus ist. Da diese Rechtfertigung hier entfällt, Grass aber trotzdem auf Mittel und Motive zurückgreift, die eindeutig aus seinem Frühwerk stammen, verstärkt sich der Eindruck, daß er vor allem bemüht war, den Autor der »Blechtrommel« einzuholen. In diesem Sinne ist »Der Butt« wenn auch keine Reprise, so doch ein epigonaler Roman.

Grass hat, so meine ich, mit seinem neuen Buch der deutschen Literatur keine neuen Wege geöffnet, keine neuen Möglichkeiten gewiesen. Aber zugleich muß mit Nachdruck gesagt werden, daß Teile des Romans von einer sprachlichen Kraft zeugen, die an die Höhepunkte im bisherigen Werk von Günter Grass erinnern. Das ist längst nicht mehr der dürre und dürftige Stil von »Örtlich betäubt«, sondern weit eher die hämmernde und trommelnde Diktion des Matzerath-Romans. Man lese etwa, wie Grass auf drei Seiten (wer sich überzeugen will: 476 bis 479) ein Trinkgelage beschreibt, bei dem ein von einer patriotischen Köchin vergifteter Kalbskopf serviert wird. In diesem Furioso ist alles vollendet: die Prägnanz und die Vehemenz, der Schwung und die Genauigkeit, der Rhythmus und schließlich die Anschaulichkeit.

Doch läßt paradoxerweise gerade die sprachliche Virtuosität die Fragwürdigkeit des Ganzen zum Vorschein kommen. Denn es zeigt sich, daß Grass jetzt zwar schlechthin alles ausdrücken kann, aber nur wenig zu sagen hat. Im »Butt« wird der Ich-Erzähler einmal gefragt: »Bist wohl müde?« Er antwortet: »Ein bißchen schon. Gegenwartsmüde.« Das mag auch auf Grass zutreffen. Daher seine Hinwendung zur Vergangenheit, daher der Versuch, eine private Mythologie zu entwerfen, daher die Idee, die Weltgeschichte einmal am Beispiel von Köchinnen vorzuführen. Er war auf der Suche nach einem großen Thema, aber er hat es nicht gefunden.

So ist es natürlich kein Zufall, daß die beiden besten Kapitel des Romans aus seinem Rahmen fallen und mit den Köchinnen nichts oder so gut wie nichts zu tun haben. Die Geschichte von einer Danziger Begegnung zwischen dem kränklichen und nicht mehr produktiven Dichter Martin Opitz und dem jungen Dichter Andreas Gryphius scheint mir das Musterbeispiel einer historischen und zugleich höchst aktuellen Erzählung zu sein. Und dann gibt es gegen Ende, nach einem entwaffnend naiven und schwachen Kapitel, in dessen Mittelpunkt August Bebel steht, eine Erzählung mit dem Titel »Vatertag«. Geschildert wird, wie sich die Männer am Himmelfahrtstag im Berliner Grunewald amüsieren. Auch einige jüngere Frauen wollen mit von der Partie sein: Lesbierinnen sind es oder auch solche, die sich für Lesbierinnen halten. Trotz einiger störender Akzente bietet diese Erzählung eine düstere Antiidylle, wie man sie sich böser und grimmiger, eine zeitkritisch-psychologische Milieustudie, wie man sie sich treffender und suggestiver kaum vorstellen kann. Hier, in der Erzählung »Vatertag«, stagniert die Kunst von Grass nicht, hier ist Schöpferwut, hier geht er endlich über die Grenzen seines bisherigen Werks hinaus.

Fazit: Grass ist, alles in allem, gescheitert, »Der Butt«
dokumentiert einen künstlerischen Fehlschlag. Aber seiner vielen Schwächen zum Trotz beweist der Roman, wer
der originellste deutsche Erzähler dieser Jahre, wer der
neben Wolfgang Koeppen größte Meister der deutschen
Sprache unserer Zeit ist: Günter Grass.

1977

Gruppe 1647

Es sind fast ausschließlich historische Figuren, die Günter Grass in seinem Buch »Das Treffen in Telgte«[1] auftreten läßt. Dennoch wäre es falsch, von einer historischen Erzählung zu sprechen. Warum? Weil das, was hier vorfällt, sich in Wirklichkeit nicht ereignet hat, weder so noch auf ähnliche Weise? Nein, sondern weil es sich in jener Epoche nie hätte ereignen können. Dem Ganzen liegt ein ebenso waghalsiger wie beinahe schon absurder Einfall zugrunde.

Man schreibt das Jahr 1647. Die deutschen Lande, wo seit bald dreißig Jahren Krieg geführt wird, sind verwüstet und ruiniert, »mit Nesseln und Disteln verkrautet« und »von Pestilenz zersiedelt«. Überall wird geraubt und geplündert, gemordet und vergewaltigt. Das Reisen ist für den einzelnen nahezu unmöglich, jedenfalls höchst beschwerlich und zugleich gefährlich: Die Tollkühnen, die sich aus den Städten hinauswagen, werden von rohen Horden bedroht, von Wegelagerern, die kein Mitleid kennen. Gewiß, Friedensverhandlungen sind im Gange, aber das ersehnte Ende des Krieges läßt sich vorerst noch nicht absehen. Sicher ist nur, daß es keine Sieger geben wird.

In dieser Zeit der Not und des Hungers, der Willkür und der Barbarei, da jedermann Mühe genug hat, sich am Leben zu halten, kommt ein deutscher Poet und Professor auf einen Gedanken, der deutsch, poetisch und professoral sein mag, doch zunächst einmal ganz und gar weltfremd ist: Er will möglichst alle großen Dichter der Gegenwart (richtiger: jene, die heute von uns für die Großen von damals gehalten werden) versammeln und unter seinem Vorsitz im freundschaftlichen Gespräch vereinen. Sie sollen »die Not und das Glück der Poeterei wie das Elend des Vaterlandes« gemeinsam erörtern.

Der zwar den Germanisten wohlbekannte, aber doch keineswegs übermäßig interessante Barocklyriker Simon Dach ist es, der diese Zusammenkunft plant und organisiert. Und obwohl er den Eingeladenen nicht viel versprechen kann – nämlich nur ein Kollegentreffen –, sind die »Männer des bloßen Wortgeschehens«, die sich doch in der Regel hartnäckig mit sich selber, mit ihrem eigenen Werk und ihrem Ruhm beschäftigen, sogleich bereit, die Strapazen und die Risiken des meist sehr weiten Weges auf sich zu nehmen. Ob jung oder alt, bürgerlich oder adlig, katholisch oder protestantisch, ob Student oder längst in Amt und Würden – sie leisten keinen Widerstand, sie kommen alle: aus Königsberg und Straßburg, aus Amsterdam und Regensburg, aus Jütland und Schlesien.

Aber was veranlaßt die Dichter, dem überraschenden Ruf Simon Dachs gehorsam zu folgen? Der wortgewaltige Erzähler Grass, der seinen sprachlichen Reichtum so genüßlich wie virtuos auskostet und dabei auch den Lesern die größten Genüsse bereitet, äußert sich zu der

Frage auffallend einsilbig: »Ihre heimischen Zirkel faßten zu eng ... Es trieb sie zueinander ... Niemand wollte für sich bleiben.«

Wozu soll dieses Treffen, das nach einigen Quartierschwierigkeiten in Telgte, einem kleinen Wallfahrtsort zwischen Münster und Osnabrück, stattfindet, denn eigentlich gut sein? Auch hier klingt die Antwort eher ungenau und sehr allgemein: Man sei bestrebt, hören wir, »dem zuletzt verbliebenen Band, der deutschen Hauptsprache, neuen Wert zu geben« und »ein politisches Wörtchen mitzureden«: »Schließlich war man wer. Wo alles wüst war, glänzten einzig die Wörter. Und wo sich die Fürsten erniedrigt hatten, fiel den Dichtern Ansehen zu.« Ihre Stimme, »die bisher im Winkel blieb«, solle nun hörbar werden: Ein Manifest ist beabsichtigt, ein gemeinsamer Aufruf der versammelten Poeten an die deutschen Fürsten.

Indes hat das alles mit der geschichtlichen und literarhistorischen Realität des siebzehnten Jahrhunderts so gut wie nichts gemein. Den Dichtern dieser wirren und finsteren Zeit fehlte das ausgeprägte Selbstbewußtsein, das Grass ihnen bescheinigt, und die Solidarität, die er ihnen großzügig nachrühmt. Weder kannten sie das nationale Verantwortungsgefühl, das hier oft beschworen wird, noch hatten sie das dringende Bedürfnis, auf die Öffentlichkeit erzieherisch einzuwirken.

Und wenn die in Telgte vereinten Autoren in ihrem interkonfessionellen Friedensappell stolz und einträchtig erklären, »sie seien das andere, das wahrhaftige Deutschland«, so ist dies ein haarsträubender und kaum zu überbietender Anachronismus. Wäre tatsächlich einer von ihnen auf die damals geradezu extravagante Idee verfallen, seine Kollegen Schriftsteller zu einer gleichsam gesamtdeutschen Tagung zusammenzurufen – man hätte ihn ausgelacht, er hätte von den meisten überhaupt keine Antwort erhalten.

Nein, was Grass hier behauptet, stimmt nicht: Es trieb sie keineswegs zueinander. Vielmehr ist es jener »Geist der Erzählung«, den Thomas Mann am Anfang seines Romans »Der Erwählte« die Glocken Roms läuten läßt, der auch die Dichter des deutschen Barock nach Telgte schickt. Mit anderen Worten: Grass, der sich, wie das neue Buch immer wieder beweist, in der Epoche vorzüglich auskennt – schon in seinem »Butt« gehörte zu den Höhepunkten die Geschichte einer Begegnung zwischen Opitz und Gryphius –, war sich natürlich der Irrealität der von ihm beschriebenen Konstellation wohl bewußt.

Aber es hat ihn gereizt, sich auf ein, wie es scheinen konnte, beinahe halsbrecherisches Spiel der Phantasie einzulassen: Um der Gruppe 47, der er einiges verdankt, und vor allem ihrem Chef, Hans Werner Richter, ein wohlverdientes Denkmal zu setzen, stellte er sich eine Literatentagung eben im Stil dieser Gruppe vor, doch unter Teilnahme der Autoren von 1647. Dies mag der verhältnismäßig bescheidene unmittelbare Anlaß gewesen sein. Doch was daraus schließlich wurde, ist nicht mehr und nicht weniger als eine rückwärts gewandte Utopie, kühn und originell zugleich.

Weil Grass es so will, treffen sich in Telgte die Dichter, deren noch nach drei Jahrhunderten zu gedenken wir mancherlei Grund haben. Aber die Erzählung gerät nie in die Gefahr, einem belletrisierten Zettelkasten der deutschen Barockliteratur zu ähneln: Nicht etwa aufrecht gehende Namen bevölkern die Szene, sondern lebendige Figuren von beachtlicher Plastizität.

Sie alle sind da: der eitle und rundum beleibte Gryphius (»Trauer und Weltekel mochten ihn so gebläht haben«), dessen Doppelkinn schon zur dritten Wölbung bereit ist, der adlige Schöngeist Hofmannswaldau, der mit »unablässigem Wortwitz« brillieren möchte, der junge, überaus gewandte Grimmelshausen, ein höchst dubioser Geselle, der gern etwas außerhalb der Legalität agiert, der steife und immer sehr feierliche Paul Gerhardt, dem »der Literaten schnellfertige Rederei« zuwider ist, der Johann Rist aus Wedel, »der das Predigen nicht lassen könne«, der Studiosus Johann Scheffler, den wir als Angelus Silesius kennen; auch Daniel Czepko und Philipp Zesen, Friedrich Logau und Philipp Harsdörffer sind zugegen, ja sogar der in London lebende alte Weckherlin, der die Schiffsreise nicht gescheut hat, und noch einige andere.

Daß Martin Opitz und Paul Fleming leider fehlen, darf man Grass nicht verübeln: Sie waren 1647 schon tot. Immerhin werden sie in der Erzählung mehrfach (und gelegentlich auch respektlos) erwähnt. Wie man sieht, hat der Autor das »Treffen in Telgte« gründlich gearbeitet und gewissermaßen Vollständigkeit angestrebt. Und wie einst Hans Werner Henze die Gruppe 47 besucht hat, so kommen hier Heinrich Schütz und Heinrich Albert, auch sie auf der Suche nach literarischen Vorlagen für ihre Kompositionen. Und nicht anders als bei der Gruppe 47 gehören zu dieser Gesellschaft ebenfalls einige Verleger: Allerdings haben sie während der Tagung den Mund zu halten, ihre Geschäfte, die nun wieder den Schriftstellern keineswegs unwillkommen sind, treiben sie in den Pausen.

Doch die zentrale Figur ist jener Simon Dach, der sich das Ganze ausgeheckt hat und der, wie sich bald zeigt, einem unserer Zeitgenossen zum Verwechseln ähnelt. Denn Grass hat die Biographie dieses Königsberger Poeten aus dem siebzehnten Jahrhundert ohne Skrupel und aufs glücklichste mit einem liebevollen Porträt Hans Werner Richters verbunden.

So wurde Dach mit Richters Umsicht, Geduld und Verbindlichkeit ausgestattet, mit dessen bewährter Liebe zur Zunft der Schreibenden und vor allem mit dessen etwas linkischer Behäbigkeit und dem, wie es Grass glanzvoll formuliert, »breitgelagerten Gemüt«, das »mit rundum verschenkter Wärme den Kreis eines solchen Treffens geräumig genug machte«. Wie ein hier strenger, da nachsichtiger Vater betreut und überwacht er die schwierigen, die ungebärdigen und bisweilen zügellosen Literaten, immer wieder bemüht er sich, Streit zu schlichten und (auch in politischer Hinsicht) vermittelnd zu wirken: »Ihm unterwarfen die Dichter ihren oft kindlich betonten Eigenwillen.«

Nicht anders als Richter hält Dach vom offiziellen Gebaren gar nichts: Ganz unfeierlich die Zusammenkunft leitend, trägt er mitunter durch mehr oder weniger bewußte Unbeholfenheit zur Auflockerung der Atmosphäre bei. Der Verlauf des Treffens ist dem oft geschilderten Ritual der Tagungen der Gruppe 47 ziemlich genau nachgebildet. Es gibt keine Begrüßungen, keine einleitenden Reden, statt dessen zunächst eine knappe Totenehrung. Sofort folgen Lesungen aus Manuskripten: »Jeder Lesung schloß sich sachliche, nun ganz beim Text bleibende und nicht mehr theoretisch auswuchernde Kritik an, bis auf die üblichen Ausflüchte ins Moralische.«

Wer sich produziert hat, muß diese Kritik schweigend ertragen: Wie in der Gruppe 47 darf er kein Wort zu seiner Verteidigung sagen. Und wie Richter schwache Lesungen mit milden Worten abzubrechen pflegte, so legt auch Dach einem der Vortragenden die Hand auf die Schulter und bittet ihn, es genug sein zu lassen: »Man könne sich nach dem Gehörten ein sattes Bild machen.« Es ist übrigens kein geringerer als Andreas Gryphius, der so behandelt wird: Sein Trauerspiel hat die Versammelten eher gelangweilt.

Aber Grass war gut beraten, nur Simon Dach zum Ebenbild eines Schriftstellers unserer Tage zu stilisieren: Wer in Zukunft über diese Erzählung promovieren wird (und sie eignet sich als Dissertationsthema vorzüglich), sei schon jetzt darauf hingewiesen, daß die anderen in Telgte tagenden Dichter des deutschen Barock als Porträts oder Karikaturen heutiger Autoren nicht auszumachen sind. Doch ihr Gehabe und ihre Sitten, ihre Unruhe und Streitsucht, ihr Ehrgeiz und ihre Eitelkeit – das alles mutet durchaus zeitgenössisch an. Es ist, als wollte Grass seinen Lesern sagen: So waren meine Kollegen schon immer.

Sie alle werden mit verständnisvollem Spott bedacht: Von Hofmannswaldau etwa heißt es, er habe für ein und dasselbe Manuskript (und nicht einmal ein eigenes) von drei Verlegern Vorschüsse kassiert. Von Gryphius hören wir, daß sein Überdruß an allem Geschriebenen oder gar Gedrucktem Hand in Hand gehe mit seiner unwiderstehlichen Lust, das, was er selber geschrieben habe, möglichst rasch gedruckt zu sehen. Die Literaten werden als »genügsame Wiederkäuer« bezeichnet, »denen notfalls Selbstzitate Sättigung brachten«.

Derartiges ist meist sehr amüsant, nur fällt mir auf, daß die deutschen Dichter des siebzehnten Jahrhunderts mit Figuren aus früheren Büchern von Grass einen unverkennbaren Stich ins Infantile oder Pubertäre gemein haben. Die Wendung, einige der Poeten hätten das Bedürfnis gehabt, »den allzeit würdigen Gerhardt zu hänseln«, ist charakteristisch für die lausbubenhafte und wohl nicht ganz angemessene Atmosphäre in beträchtlichen Teilen der Erzählung.

Die großen Dichter der Vergangenheit – nun ja, es waren etwas unseriöse und komische Individuen mit sehr menschlichen Schwächen. Dies zeigt Grass meisterhaft. Indes bleibt ein leiser Einwand: Die Erzählung kann nicht recht überzeugen, daß solch fragwürdige Kerle Herrliches zu schaffen imstande waren. Wir wissen es längst: Es ist leichter, in einem literarischen Werk Genies als Narren oder liebenswerte Bajazzos zu belächeln, als tatsächlich glaubhaft zu machen, daß diese Narren oder Bajazzos eben doch Genies waren.

Aber zugleich gelingt es Grass, die unentwegt debattierenden Literaten, die sich inmitten des verwüsteten Landes über den Unterschied zwischen Humor und Ironie den Kopf zerbrechen oder (wie Gryphius) in immer neuen poetischen Bildern den Tod der Literatur eindrucksvoll verkünden, mit dem prosaischen Alltag jener Jahre zu konfrontieren.

Die Wirtin des Gasthauses an der Ems, wo das Treffen stattfindet, gehört zu unseren alten Bekannten: Es ist

Libuschka, genannt Courage, das Vorbild jener E*rtz*betrügerin und Landstö*rtz*erin, deren Leben der Hundsfott Grimmelshausen (selber ein E*rtz*betrüger) unvergeßlich geschildert hat und die dreihundert Jahre später in der Bühnenchronik des Stückeschreibers, der vielleicht auf seine Weise auch ein E*rtz*betrüger war, Urständ feiern durfte.

Bei Grass ist die Courage abermals so lebendig geraten, daß wir, von ihr lesend, keineswegs gezwungen sind, an Helene Weigel oder Therese Giehse zu denken. Die resolute Wirtin und ihre tüchtigen und häufig kichernden Mägde, die allesamt den Poeten auch im Bett oder im Heu Gesellschaft leisten, bilden gleichsam die Gegenwelt: Ihre Existenz soll dazu beitragen, daß die Erzählung nicht etwa von des Gedankens Blässe angekränkelt wird oder sich gar im luftleeren Baum abspielt.

Und wo in der deutschen Literatur von Liebe die Rede ist, da braucht man auf Todesmotive nicht lange zu warten: Von der Ems werden die aneinandergebundenen Leichen eines Mannes und einer Frau gegen das Ufer getrieben und gleiten dann flußabwärts, nichts zurücklassend, »es sei denn mögliche Wortbilder, die Zesen sogleich mit gesucht neuen Klingwörtern aufzufüllen begann. Weil von Sprache bedrängt, blieb ihm nicht Zeit, sich zu entsetzen.« Womit wir wieder bei den professionellen Fragen der Poeten gelandet sind.

Was ist also diese Erzählung? Eine »Inside-Story« über die Gruppe 47? Nein, das nun wieder nicht, wohl aber ein Stück Literatur über Literatur, geschrieben von einem Literaten vor allem für Literaten.

Dieses Treffen, sagten wir eingangs, hätte im siebzehnten Jahrhundert nie zustande kommen können. Was uns hier berichtet wird, ist höchst unwahrscheinlich. Aber unvorstellbar ist es nicht mehr. Denn Grass hat es verbürgt mit einer Kunst, die – nein, ich übertreibe keineswegs – in der deutschen Literatur dieser Tage ihresgleichen nicht hat. Er erzählt das Märchen von den einträchtigen deutschen Dichtern stets in bester Laune, mit zarter Ironie und mit robustem Humor. Seine Sprache ist drall und prall, kräftig und deftig, üppig – und saftig, sie ist – wie es einmal in der Erzählung von Grimmelshausens künftiger Prosa heißt – »grob und leisgestimmt, ... aber immer dem Leben und seinen Fässern abgezapft«.

So glauben wir schließlich der unglaubhaften Geschichte von der »Gruppe 1647«, der grimmigen Idylle von den verpaßten Chancen der deutschen Literatur. Dies jedoch kann als kleiner Triumph einer großen Erzählkunst gelten.

Der Schriftsteller Hans Werner Richter aber, dem wir im Herbst 1978 »eine kleine Unsterblichkeit« vorausgesagt haben[2] und dem das »Treffen in Telgte« aus Anlaß seines siebzigsten Geburtstags (im November 1978) gewidmet ist, kann sagen: »Nun, o Unsterblichkeit, bist du ganz mein!«

1979

Ein katastrophales Buch

Zu lachen gibt es hier nichts, zu spotten noch weniger – und vor Schadenfreude wird nachdrücklich gewarnt. Denn wir haben es mit einem so traurigen wie erstaunlichen Fall zu tun. Es ist nicht zu glauben: Da schreibt einer, der sich deutsch auszudrücken vermag wie kaum ein anderer Zeitgenosse und dessen Sprachkraft, von geringfügigen Unarten abgesehen, auch jetzt noch keineswegs nachgelassen hat, ein umfangreiches erzählendes Buch, in dem er mit unzähligen Einfällen aufwartet; gleichwohl ist dieses Buch, kurz gesagt, ungenießbar.

Wie konnte das geschehen? Hat etwa unser längst zu Weltruhm gelangter Autor die Sache auf die leichte Schulter genommen? Ach, wenn es doch so wäre. Dann ließe sich befinden: Schwamm drüber. Und man könnte dem einst erfolgreichen Mann, dem nun dieses Mißgeschick passiert ist, freundlich zurufen: Alles vergessen und vergeben, Kopf hoch und auf zum nächsten Gefecht. Indes kann hier von Leichtsinn keine Rede sein. Denn in jedem der zwölf Kapitel dieser »Rättin«[1] spürt man die verzweifelte Anstrengung eines Romanciers, der sich seiner nationalen, wenn nicht universalen Verantwortung unentwegt bewußt, allzu bewußt ist.

Man stelle sich das einmal vor: Monatelang, jahrelang hat sich Grass beinahe jeden Morgen an den Schreibtisch gesetzt, hat, stets um den Rhythmus bemüht, die Worte, die Sätze aneinandergereiht, immer hoffend oder gar überzeugt, die störrische Welt ließe sich endlich doch vorladen oder, wie das früher hieß, evozieren. Und es kommt nichts dabei raus. Was muß er gelitten haben ...

Jawohl, ihn müssen wir bedauern, nicht die Leser. Sie sind nämlich nicht bereit, sich ihre Freizeit verderben zu lassen. Sie geben die Sache nach hundert, spätestens nach hundertfünfzig Seiten auf. Werfen sie das Buch in die Ecke? Das wäre die schlimmste Reaktion nicht, denn sie könnte von Wut, Zorn, Protest zeugen. Aber diese »Rättin« ruft keinerlei Widerstand hervor. Nur daß manche glauben – und hier liegt der Hase im Pfeffer –, die ganze deutsche Literatur tauge nichts mehr. Schon wahr: die Lektüre neuer Bücher ist heutzutage kein reines Vergnügen. Aber so schlecht wie um den Schriftsteller Grass ist es um unsere Gegenwartsliteratur nun doch nicht bestellt.

Im ersten Absatz seines Romans läßt er uns wissen, daß er auf sein ursprüngliches Thema (»meine baltische Pfütze«) verzichtet habe, um sich eines größeren anzunehmen, nämlich der »Erziehung des Menschengeschlechts«. Er wollte – wie unlängst einem ausführlichen Fernseh-Gespräch zu entnehmen war – »auf das Endgültige unserer Lage aufmerksam machen«. Da, genau da sitzt der Wurm.

Ist Grass gescheitert, weil er sich in den Kopf gesetzt hatte, aufs Ganze zu gehen? Nein, nicht der hohe, sondern der falsche Anspruch hat dieses Fiasko verschuldet. Natürlich ist nichts dagegen zu sagen, daß uns ein Autor über das Endgültige unserer Situation aufklären will und, wie weiland Lessing, die Erziehung des Menschengeschlechts im Sinne hat. Eine solche (also rein pädagogische) Absicht mag sehr wohl zu einem originellen Essay oder zu einer bedeutenden Abhandlung oder auch zu einer nützlichen Rundfunksendung führen. Und nicht zu einem Roman?

Ob Grimmelshausen oder Goethe, Fontane oder Faulkner – Romane verdanken ihre Entstehung immer einem so einfachen wie elementaren Umstand: Jemand hat etwas zu erzählen. Die Ausgangspunkte sind also konkret – Figuren und Begebenheiten, Schauplätze und Aktionen. Gewiß, auch eine Idee, etwa eine didaktische Intention, kann gelegentlich den Anstoß sogar zu einem Meisterwerk geben, doch nur dann, wenn des Schriftstellers Talent und Temperament stark genug sind, seine theoretischen Voraussetzungen, seine erzieherischen Absichten zu überspielen oder gar zu widerlegen.

Auf den Autor der »Rättin« trifft das leider nicht zu. Was er den Zeitgenossen mitteilen wollte, wußte er schon genau. Unter Brüdern: Viel ist es nicht. Ein Artikel oder eine Ansprache mittlerer Länge hätten da schon gereicht. Eine Wochenzeitung hätte es veröffentlicht, die Deutsche Presse-Agentur wäre mit einer (überflüssigen) Meldung zur Stelle – und kein Hahn hätte danach gekräht. Denn daß unsere Welt aufs höchste gefährdet ist und daß die Menschheit möglicherweise ihrem Ende entgegeneilt, sagen die Politiker und die Geistlichen, die Wissenschaftler und die Leiter der Volkshochschulen tagaus, tagein.

Grass indes wollte seinen Krisenbefund und seine Prophezeiung unbedingt als Roman an den Mann bringen.

Statt also zu erzählen, was uns alle sehr interessiert hätte, nämlich vom Leben hier und heute, schlug er den umgekehrten Weg ein: Er versuchte, seine bedauerlicherweise so banalen Ansichten und Warnungen ins Epische umzusetzen. Dazu brauchte er unbedingt, was er, wie sich zeigte, nicht mehr zur Verfügung hatte: Gestalten, Motive, Bilder. Seine feierliche Verlautbarung, er sei von diesem Buch »erschöpft«, verschleiert bloß den bitteren Sachverhalt: Er war es, aus welchen Gründen auch immer, noch bevor er sich an die Arbeit machte – und »erschöpft« war auch sein Vorrat an epischem Personal, verbraucht sein Stoff.

Daß Grass sich unendlich viel Mühe gegeben hat, allerlei zu erfinden, was den Lesern seine Mahnung und Vision vermitteln könnte, merkt man fortwährend: Hier jagt ein Einfall den nächsten. Ja, aber ist das denn nicht gut und erfreulich? Nein, weil sich dahinter nicht Fülle und Reichtum verbergen, sondern Schwäche und Dürftigkeit. Da die offerierten Motive nichts erbringen, folgen ihnen, gleichsam auf dem Fuße, die nächsten.

So träumt der Ich-Erzähler von einer Partnerin, die ihn immer wieder bedrängt: Sie spricht zu ihm aus der Welt nach dem »großen Knall«, also nach dem Tod aller Menschen, berichtet ihm von ihren Ahnen (etwa seit der Zeit der Sintflut) und läßt ihn wissen, was sie von seinesgleichen hält: »Euch gab es mal. Gewesen seid ihr, erinnert als Wahn ... Ausgeschissen habt ihr. Und zwar restlos.«

Die Partnerin ist nun aber nicht, wie man meinen könnte, eine aufdringliche und etwas derb sich ausdrükkende Dame. Vielmehr ist es eine Rättin. Mir mißfällt das schon deshalb, weil mich die Weltgeschichte dieser Tiergattung nicht im geringsten interessiert. Das mag herzlos sein, doch habe ich den Verdacht, daß ich nicht der einzige bin, dessen Interesse an Ratten sich in Grenzen hält.

Für Grass hingegen hat die animalische Lösung gewisse praktische Vorzüge: Seine unentwegt schimpfende und räsonierende Titelfigur gibt zwar nur Dummheiten von sich, aber niemand darf das dem Autor verübeln. Daß ein Tier überhaupt reden kann, ist ja schon ein Wunder, wenn auch, wie in diesem Fall, ein einschläferndes. Und warum läßt sich der Ich-Erzähler auf Diskussionen mit seiner besserwisserischen Partnerin ein? Weil im Traum alles möglich ist? Jedenfalls wäre Grass besser beraten, seine Erzähler mit etwas mehr Verstand auszustatten.

Aber irgendwann scheint er gemerkt zu haben, daß die Rättin den ihr auferlegten Pflichten einer Reporterin aus der Zeit, da überall im Weltraum »Betriebsstille herrschte« und »Ultimo war«, doch nicht ganz gewachsen ist. Was tun? Ganz einfach: Der Ich-Erzähler träumt von noch einem Berichterstatter, er selber ist es, er hat zusammen mit den Ratten die Vernichtung aller Lebewesen in einer Raumkapsel überdauert, in der er nun die Erde umkreist. Daher erfahren wir, daß den in Uppsala mit Hilfe von Genmanipulationen produzierten »Watsoncricks«, die entweder Menschenratten oder Rattenmenschen sind und Danzig (also die Welt) erobert haben, schließlich doch der Garaus gemacht wurde, nämlich von den richtigen Ratten. Wenn es ohnehin auf Erden keine Menschen mehr gibt, ist die Frage, wer die Oberhand behält – die Ratten oder die »Watsoncricks« –, von kaum zu überbietender Gleichgültigkeit.

Weniger gleichgültig ist die Tatsache, daß Grass in diesem Roman seine berühmteste Figur kaputtgemacht hat. Wenn Schriftsteller von der Inspiration im Stich gelassen werden, greifen sie oft, alle Lehren der Literaturgeschichte leichtfertig ignorierend, auf frühere Motive zurück: Sie machen Anleihen bei Werken, denen sie einst ihre größten Erfolge verdankten.

Zur Erinnerung: Oskar Matzerath, der Held der »Blechtrommel«, beschloß als Dreijähriger, nicht mehr zu wachsen und hatte auf diese Weise zusammen mit einem Schutzpanzer auch eine Art Tarnkappe. Von der Umwelt nicht ernst genommen, ihr aber mit dem unvoreingenommenen und amoralischen Blick des kleinen Kindes begegnend, war er ein idealer Beobachter: Er hatte zu allem Zugang, er konnte es wahrnehmen und durchschauen. Zu Matzerath sei ihm, wie Grass jetzt offen gesteht, seit 1959 »nichts Sonderliches« mehr eingefallen. In der »Rättin« heißt es: »Er wollte beachtet, gefragt werden. Und schon beachte ich ihn: Was macht ihn so plötzlich wieder bemerkenswert? Ist abermals die Zeit für ihn reif?«

Nein, Matzerath wollte nicht beachtet werden, wohl aber hoffte Grass, mit der einst erfolgreichen Figur auch das neue Buch beleben zu können: Nichts macht diesen Oskar wieder bemerkenswert, es sei denn die Not des Romanciers. Interessant, wie »die Auferstehung unseres Herrn Matzerath« vonstatten geht: »Also rufe ich – ›Hallo, Oskar!‹ –, und schon ist er da.« Stimmt nicht, er ist eben nicht da. Denn der neue Matzerath hat mit dem alten bloß den Namen gemein.

In der »Blechtrommel« hatte Grass den kleinen Oskar gegen die Epoche ausgespielt, in der »Rättin« ist der bald sechzigjährige Matzerath nicht mehr als ein Produkt seiner Zeit: An die Stelle einer originellen Märchengestalt tritt jetzt eine banale Figur mit realistischen Umrissen, ein Manager mit Vorortvilla, Mercedes und Chauffeur, einer, dem der »rechtzeitige Einstieg ins Videogeschäft« gelungen ist und dessen Motto lautet: »Was immer kommen wird, es läßt sich vorproduzieren.« Dank der Kunst dieses Herrn Matzerath ist alles schon im Vorgriff hinweggerafft und eingeebnet: »Nicht nur Moskau und New York sind zu Staub geworden, nicht nur das Donezbekken, die Poebene und das Ruhrgebiet sind verbrannte Erde, auch Zürich und Bombay, Rio und Kapstadt waren einmal.«

Gleichwohl wartet Grass in der »Rättin« auch mit Märchenmotiven auf. Wenn der Wald nicht mehr zu retten ist, soll er – meint der geschäftstüchtige Matzerath – wenigstens gefilmt werden und so als Dokument erhalten bleiben. Offenbar gibt es aber keinen heilen Wald mehr, also läßt man ihn mit baumhohen Kulissen und Vogelstimmen vom Tonband vortäuschen. Besichtigt wird dieser Potemkinsche Zauber vom Kanzler, den Grass lächerlich machen möchte. Der Kanzler trägt Loden, Bundhosen mit Hirschhornknöpfen und Schnürstiefel und schiebt fortwährend Buttercremetorte in den Mund. Ich frage mich: Geniert sich Grass überhaupt nicht? Gibt es niemanden, der imstande gewesen wäre, ihn vor derartigen beschämend billigen Mitteln der Satire zu bewahren?

Aber es kommt noch schlimmer. Des Kanzlers Sohn und Tochter verwandeln sich in Hänsel und Gretel, es wird eine Kommission »Rettet das Märchen« gebildet, die Rumpelstilzchen leitet und der Dornröschen, Schneewittchen und der wachküssende Prinz angehören. Sie fahren allesamt nach Bonn, wo Jacob Grimm Minister für Umweltschutz ist und wo ihm sein Bruder als Staatssekretär zur Seite steht.

Ferner gibt es in der »Rättin« ein mit fünf Frauen »überbelegtes« Segelschiffchen; sie haben den Auftrag, die Quallendichte der westlichen Ostsee zu vermessen, nehmen zwischendurch in Schweden an einer Demonstration teil und begeben sich auf die Suche nach der untergegangenen Stadt Vineta. Aber vor allem beschäftigen sich diese Seefahrerinnen mit dem Stricken, was wiederum symbolisch-ideologische Gründe hat: »Jetzt, seitdem das Ende von Tag zu Tag nur vertagt wird, sind Frauen strickend die letzte Gegenkraft, während die Männer alles zerreden und nichts fertigbringen, das den frierenden Menschen wärmen könnte – und seien es Pulswärmer nur.« Das also ist die Rolle in der Gesellschaft, die Grass den Frauen zuweist; sie werden sich dafür entschieden bedanken.

Nur der Ordnung halber sei noch vermerkt, daß der Roman sich auch mit der Politik in der unfernen Vergangenheit auseinandersetzt. Nun gehört die Politik, wie allgemein bekannt, nicht zu den starken Seiten des Schriftstellers Grass, und er hat kaum eine Gelegenheit versäumt, uns an diese seine Schwäche zu erinnern. Hier beschimpft er Adenauer und Ulbricht, zwischen denen er keinen nennenswerten Unterschied sieht, und vergleicht beide mit dem Maler Lothar Malskat, der einst als »Entdecker« von Gotikfresken, die er in Wirklichkeit selber verfertigt hatte, berüchtigt war: Die fünfziger Jahre seien die Epoche der »drei Meisterfälscher« gewesen. Soll man diesen Unsinn kommentieren?

Wenn Grass sich beklagt, er habe »zu viele Geschichten« zu erzählen, so stimmt das wieder nicht. Nicht die

Geschichten drängen »alle gleichzeitig aus ihren Anfängen«, sondern er bemüht sich krampfhaft, sie an Land zu ziehen. Er erwähnt, er informiert und registriert, er predigt und verkündet, aber er erzählt nicht mehr. Die Punks und die Arbeitslosen, die Müllhalden und die Butterberge, die Verkabelung und die Video-Euphorie, Dallas und das Orwell-Jahr, die Interkontinentalraketen und die Sicherung der Renten, Heilbronn und Mutlangen, die sterbenden Wälder und die verseuchten Gewässer – alles kommt hier vor, und nichts ist da.

Die wenigen guten Abschnitte der »Rättin« – etwa die amüsante Schilderung der Geburtstagsfeier der alten Anna Koljaiczek oder die genaue Beschreibung der gesundheitlichen Leiden Oskars – machen erst recht deutlich, wie leblos, wie uninspiriert diese Prosa ist. Es trifft also nicht zu, daß der Roman auseinanderfließt und zerfasert. Wo keine Ganzheit war, da kann auch nichts zerfallen. Daher hätte es wenig Sinn, die Struktur zu beanstanden und über die Mängel der Komposition zu klagen:

Wenn die einzelnen Bauteile allesamt morsch und brüchig sind, ist die Frage, ob sie zueinander passen und wie sie zusammengefügt wurden, gegenstandslos.

Enttäuschung, Resignation, Hoffnungslosigkeit – das etwa ist die hier vorherrschende Stimmung, die freilich wiederum nur festgestellt und nicht dargestellt wird. Die Authentizität dieser Ratlosigkeit anzuzweifeln besteht nicht der geringste Grund. Weniger sicher ist allerdings, ob sie ihre Ursache in der Situation der Menschheit hat oder eher in persönlichen Umständen des Autors. Grass wäre nicht der erste Dichter, der aus seiner Misere eine allgemeine zu machen versucht.

Die »Rättin« sei – erklärt Grass – »ein katastrophales Buch in einer katastrophalen Zeit«. Wie immer das
gemeint war, der Verdacht drängt sich auf, daß hier wieder einmal unsere Epoche als generelle Rechtfertigung
herhalten muß und also für das literarische Ergebnis
verantwortlich gemacht wird. Auf die Frage des Oskar
Matzerath, warum der Film über das Waldsterben denn
unbedingt ein Stummfilm sein solle, erwidert der Ich-
Erzähler: »Weil alles gesagt ist. Weil nur noch Abschied
bleibt.« Wenn tatsächlich alles schon gesagt wäre, hätte
Literatur keine Aufgabe, keinen Sinn mehr. Mir aber will
es scheinen, daß von Jahr zu Jahr, von Monat zu Monat
immer mehr zu sagen ist. Nur muß man es können. Die
»Rättin« indes gleicht einem Hohlraum, den welke Blätter
tarnen und längst verbrauchte Girlanden mühevoll gar-
nieren sollen.

1986

War Grass ein bulgarischer Spion?

In seiner Nummer vom 26. März 1990 berichtete »Der Spiegel« auf der »Szene« eine aufregende, wenn nicht sensationelle Minigeschichte. Sie stammt aus der Feder des weltberühmten DDR-Dramatikers Heiner Müller, die dieser wiederum von dem weltberühmten westdeutschen Autor Günter Grass gehört hat. Der Held der Geschichte ist kein anderer als Grass selber, ich spiele in ihr ebenfalls eine zentrale, freilich weniger ruhmreiche Rolle.

Als Grass vor vielen Jahren in Warschau war, sollen ihn polnische Freunde – so berichtet Müller – gefragt haben, »ob er bereit sei, den Professor Reich-Ranicki zu empfangen, der unbedingt einen deutschen Schriftsteller kennenlernen wolle. »Grass willigte ein« – und so kam es zu dem Treffen. Aber hinterher sei ich ganz aus dem Häuschen gewesen und hätte in einem fort gesagt: »Das ist kein deutscher Schriftsteller, das ist ein bulgarischer Spion.«

Diese äußerst spannende Geschichte, von der ich hier nur den Anfang und das Ende wiedergegeben habe, ist nicht ganz neu: Grass hat sie schon mehrfach, allerdings in kürzerer Fassung erzählt, er wiederholt sie gern, sie läßt sich auch im neunten Band seiner »Gesammelten

Werke« auf Seite 632 finden. Warum sollte ich Grass nach einem Gespräch, das zwei oder drei Stunden gedauert hat, für einen Bulgaren gehalten haben und obendrein für einen Spion? Hat er die Geschichte erfunden? Nein, nicht ganz.

Im Mai 1958 – noch wohnte ich in Warschau, wohin ich kurz vor dem Zweiten Weltkrieg nicht eben freiwillig geraten bin – rief mich mein Freund Andrzej Wirth an, ein vorzüglicher polnischer Literat, der jetzt als Professor für angewandte Theaterwissenschaft an der Universität Gießen tätig ist. Er habe Kummer, er bitte mich um Hilfe. Er erwarte nämlich einen jungen Mann aus der Bundesrepublik Deutschland, der unglücklicherweise hier in Warschau niemanden kenne. Man müsse diesen armen Menschen ein wenig betreuen, was er, Wirth, allein nicht schaffen werde. Ob ich ihm den Gefallen tun könne, mit dem jungen Mann einen Nachmittag zu verbringen.

Ich fragte mißtrauisch, ob es sich etwa um einen Schriftsteller handle. Das werde – antwortete Wirth – die Zukunft zeigen. Immerhin habe er schon zwei Theaterstücke verfertigt, von denen eins bereits durchgefallen sei und das andere vermutlich demnächst durchfallen werde. Was mein Freund von den Stücken halte? Dieser, ein wohlerzogener Mensch, der sich bis dahin niemals in meiner Gegenwart eines derben Ausdrucks bedient hatte, überraschte mich mit einem knappen Urteil, das aus einem einzigen (im Deutschen oft verwendeten Wort) bestand, das ich hier, um den Betroffenen zu schonen, nicht wiederholen möchte. Jedenfalls glaube er nicht – fügte Wirth nachdenklich hinzu –, daß der junge Mann je ein brauchbares Stück zustande bringen werde. Dennoch scheine er begabt zu sein, wenngleich man noch nicht sagen könne, wozu er nun eigentlich begabt und imstande sei.

Daß ich »unbedingt einen deutschen Schriftsteller kennenlernen« wollte, trifft sowenig zu wie der mir von Grass oder Heiner Müller zugeschriebene Titel »Professor«. Denn Professor bin ich erheblich später, 1974, auf Antrag der Universität Tübingen geworden, und deutsche Schriftsteller kannte ich schon damals zur Genüge: Bertolt Brecht, Anna Seghers und Arnold Zweig, Erich Kästner, Heinrich Böll und Wolfgang Koeppen und zwanzig andere Autoren. Warum sollte ich danach gieren, einen vorerst gescheiterten und gänzlich unbekannten Anfänger namens Günter Grass kennenzulernen? Aber ich konnte die Bitte meines Freunds Wirth nicht abschlagen.

Am nächsten Tag ging ich ins Hotel »Bristol«, wo Grass gegen fünfzehn Uhr auf mich warten sollte. Um diese Zeit war die Hotelhalle leer, nirgends ließ sich ein westdeutscher Schriftsteller blicken. Nur ein einziger Sessel war besetzt, in dem saß aber ein Mensch, der nicht hierherpaßte. Das »Bristol« war damals das einzige Warschauer Luxushotel, bewohnt fast ausschließlich von Ausländern, die sich schon durch ihre Kleidung von der einheimischen Bevölkerung unterschieden. Der Mann in dem Sessel war hingegen eher nachlässig gekleidet und auch nicht rasiert. Und er schien zu tun, was in einer vornehmen Hotelhalle nicht üblich ist: Er schlummerte.

Plötzlich riß er sich zusammen und schritt auf mich zu. Ich erschrak. Aber nicht sein mächtiger Schnurrbart war es, der mir Angst einjagte, sondern sein Blick, ein sturer und starrer, ein gläserner, ein beinahe wilder Blick. Mit dem, dachte ich mir, ist nicht gut Kirschen essen, den möchte ich nicht auf einer dunklen Straße treffen, der hat wohl in seiner Hosentasche wenn auch nicht einen Revolver, so doch ein Messer.

Während ich noch mit diesem inneren Monolog beschäftigt war, stellte sich der junge Mann durchaus manierlich vor, und zwar in einem einwandfreien Deutsch, dem – ich betone dies ausdrücklich – nichts Bulgarisches anzumerken war. Und um die Sache mit dem sturen, dem gläsernen Blick gleich aufzuklären: Grass hatte, was er mir freilich erst zwei Stunden später sagte, zum einsamen Mittagessen eine ganze Flasche Wodka getrunken.

Ich schlug ihm einen gemeinsamen Spaziergang vor. Er war einverstanden, wir gingen los, trotz des gewaltigen Alkoholkonsums schwankte er keinen Augenblick, er marschierte neben mir stramm und wacker. Aber auf die vielen Kirchen und Paläste, auf die ich seine Aufmerksamkeit zu lenken versuchte, reagierte er schwach. Er war offensichtlich, aus welchen Gründen auch immer, vor allem mit sich selber beschäftigt und dem Gespräch eher abgeneigt. Er stellte auch keinerlei Fragen. Da schien es mir angebracht, das Thema zu wechseln.

Ich wollte seine Ansichten über die in der Bundesrepublik entstehende Literatur hören. Da er weiterhin einsilbig und mürrisch blieb, nannte ich versuchsweise einige Namen. Wolfgang Koeppen? Hartnäckiges Schweigen, ich glaube, Grass kannte keine Zeile von Koeppen. Heinrich Böll? Ein spöttisches, doch unzweifelhaft mildes Lächeln. Max Frisch? Was sich in dessen Romanen abspiele, sei für ihn, Grass, viel zu vornehm. Alfred Andersch? Der Name belebte meinen Gesprächspartner. Denn von Andersch war der Roman »Sansibar« damals sehr erfolgreich. Derartiges mögen Schriftstellerkollegen nicht. Die fliehende Jüdin, von der in »Sansibar« erzählt werde, sei doch so schön und schick. Und wie – fragte Grass –, wenn sie häßlich gewesen wäre und Pickel hätte? Wäre sie dann weniger bemitleidenswert? Ich äußerte mich über den Roman anerkennend, und Grass verfiel wieder in sein dumpfes Schweigen.

Jetzt versuchte ich es mit Autoren der vorangegangenen Generation – von Thomas Mann über Hermann Hesse bis zu Robert Musil. Mein Eindruck: Der junge Mann hatte keine Ahnung von Ackerbau und Viehzucht. Daß ihn der doch wohl übermäßige Alkoholkonsum schläfrig gemacht hatte, wußte ich allerdings noch nicht. Wohl aber wußte ich, wie man einen Schriftsteller oder einen, der ein Schriftsteller sein möchte, zum Reden bringt. Es gibt da eine Frage, die sofort die Zunge des störrischsten Kandidaten löst.

Mittlerweile waren wir in einem ziemlich schäbigen Gartencafé angelangt; dort konnte man aber glücklicherweise keinen Alkohol bekommen, sondern nur ein süßliches Getränk, das sich »Fruktowit« nannte. Grass trank widerwillig und schweigsam, doch plötzlich hellte sich sein Gesicht auf. Ich hatte ihm nämlich jene Zauberfrage gestellt, auf die man sich in solchen Gesprächen immer verlassen kann: »Woran arbeiten Sie, Herr Grass?« Jetzt ging es los: Er schreibe einen Roman. Das wunderte mich überhaupt nicht, denn ich habe in meinem ganzen Leben nur sehr wenige deutsche Schriftsteller kennengelernt, die nicht gerade an einem Roman arbeiteten.

Ob er mir etwas über die Handlung sagen wollte? Er wollte. Er schreibe die Geschichte eines Menschen; die

Sache beginne in den zwanziger Jahren und reiche beinahe bis heute. Wer das denn sei? Ein Zwerg. Hm. Zuletzt hatte ich etwas über einen Zwerg in meiner Kindheit gelesen, es war ein Märchen von Wilhelm Hauff. Und was weiter? fragte ich nicht eben neugierig. Dieser Zwerg – erklärte mir Grass – habe auch einen Buckel. Wie? Zwerg und bucklig auf einmal, ob das nicht etwas zu viel des Guten sei? Der bucklige Zwerg – fuhr Grass fort –, sei Insasse einer Irrenanstalt.

Jetzt reichte es mir, mehr wollte ich über den geplanten Roman nicht wissen, hingegen machte ich mir nun besorgte Gedanken über den jungen Mann, dessen Blick immer noch starr und wild war. Eines schien mir sicher: Aus dem Roman wird nichts werden. Allmählich hatte ich die Lust an dem Gespräch mit diesem nicht sehr höflichen Westdeutschen verloren, ich brachte ihn in sein Hotel, wir verabschiedeten uns kühl und dachten wahrscheinlich dasselbe – daß es ein langweiliger und überflüssiger Nachmittag gewesen war.

Nein, er war nicht überflüssig gewesen, jedenfalls nicht für mich. Wenige Wochen später verließ ich Polen, im Oktober nahm ich an der Tagung der Gruppe 47 in Großholzleute teil. Grass las zwei Kapitel aus der immer noch im Entstehen begriffenen »Blechtrommel«. Beide Kapitel hatten mich beeindruckt, ja nahezu begeistert – übrigens in höherem Maße als der im folgenden Jahr erschienene ganze Roman.[1] Wie auch immer: Gelernt habe ich damals, daß es sich nicht lohnt zuzuhören, wenn Schriftsteller von der Handlung eines Romans berichten, an dem sie gerade arbeiten. Solchen Geschichten kann man in der Regel nichts, aber auch gar nichts entnehmen. Denn aus den kühnsten und originellsten Einfällen ergeben sich meist miserable Bücher – und absurd scheinende Motive können zu großartigen Romanen führen.

Am Abend saßen wir in Großholzleute beim Wein. Jemand bat mich, ein wenig über meine Erlebnisse in Warschau während der deutschen Besatzung zu erzählen. Um den Anwesenden nicht die Laune zu verderben – schließlich waren alle, die da am Tisch saßen, während des Krieges Soldaten gewesen, einige vermutlich auch in Polen –, wählte ich besonders harmlose Episoden aus. Hinterher fragte mich Grass, ob ich dies zu schreiben gedenke. Da ich verneinte, bat er mich um die Erlaubnis, einige dieser Motive zu verwenden. Erst viele Jahre später publizierte er sein »Tagebuch einer Schnecke«, in dem ich meine Erlebnisse wiederfand – er hatte sie einem Lehrer mit dem Spitznamen »Zweifel« zugeschanzt.

Als wir uns irgendwo wieder einmal trafen, sagte ich beiläufig, daß ich doch wohl an den Honoraren für sein »Tagebuch einer Schnecke« beteiligt sein sollte. Grass erblaßte und zündete sich mit zitternder Hand eine Zigarette an. Um ihn zu beruhigen, machte ich ihm rasch einen Vorschlag: Ich sei bereit, auf alle Rechte ein für allemal zu verzichten, wenn er mir dafür eine seiner Graphiken schenken werde. Ihm fiel hörbar ein Stein vom Herzen: Er sei einverstanden, ich solle mir die Graphik selber aussuchen, er lade zu diesem Zweck meine Frau und mich in sein Haus in Wewelsfleth ein, er werde uns eigenhändig ein Essen zubereiten. Ich stimmte zu, wenngleich mich die Erinnerung an eine von Grass gekochte Suppe irritierte, die ich im Sommer 1965 (der Anlaß war die Hochzeit des Berliner Germanisten Walter Höllerer) leichtsinnig zu mir genommen hatte. Sie war abscheulich. Mir schwante abermals Schlimmes. Doch zum Beruf des Kritikers gehört Mut.

So machten wir uns auf die Reise von Hamburg nach Wewelsfleth in Schleswig-Holstein. Das war gar nicht so einfach, denn man mußte, um diese Ortschaft zu erreichen, einen Fluß überqueren, über den es keine Brücke gab. Wir hatten uns einem Fährmann anzuvertrauen. Schließlich kamen wir an, bald konnte ich mir eine Graphik des Gastgebers aussuchen. Ich bat ihn artig um eine Widmung. Er überlegte nur einen Augenblick und schrieb: »Für meinen Freund (Zweifel) Marcel Reich-Ranicki.« Immerhin: ein Witz, beinahe ein Wortspiel.

Dann servierte uns Grass einen Fisch. Um es kurz zu machen: Ich hasse und fürchte Gräten. Und ich wußte bis dahin nicht, daß es Fische mit so vielen Gräten gibt – wobei ich nicht ausschließen kann, daß deren Zahl in meiner Erinnerung mit den Jahren (dies alles spielte sich 1973 ab) noch gewachsen ist. Gleichviel: Es war qualvoll, aber auch genußreich. Denn Grass, schwach als Suppenkoch, kann mit Fischen wunderbar umgehen, das Essen war gefährlich und schmackhaft zugleich – und es hatte weder für meine Frau noch für mich auch nur die geringsten negativen Folgen. Indes: Folgen gab es schon, aber anderer Art. Was von dem Fisch übriggeblieben war, zumal die vielen Gräten, hat Grass am nächsten Tag gezeichnet, sehr bald stand dieser Fisch im Mittelpunkt eines Grass-Romans. Denn es war ein Butt.

Sollte übrigens Grass wieder einmal Motive für sein episches Werk brauchen, dann bin ich gern bereit, ihm mit weiteren Erlebnissen unter die Arme zu greifen.

Bedingung: Ich erhalte von ihm wieder eine Graphik, und er wird dazu einen Fisch, diesmal ohne Gräten, servieren.

Und wie war das eigentlich mit dem bulgarischen Spion? Nein, ich habe ihn nie für einen serbischen Ballettmeister noch für einen albanischen Gynäkologen noch gar für einen bulgarischen Spion gehalten. Wahr hingegen ist: Nach dem langweiligen Spaziergang in Warschau telephonierte ich mit Andrzej Wirth, dem ich erzählte, daß ich Grass in der leeren Hotelhalle nicht finden konnte. Der einzige Mann, der da saß, habe nicht wie ein Schriftsteller aus dem Wirtschaftswunderland ausgesehen, sondern wie ein ehemaliger bulgarischer Partisan, der jetzt in Sofia als Sportfunktionär tätig ist und den man nach Warschau geschickt hat, um irgendeinen Länderkampf zu vereinbaren.

Als ich Grass darauf aufmerksam machte, daß die von ihm verbreitete Story falsch und abwegig sei, meinte er, ich sollte die Sache so aufschreiben, wie ich sie in Erinnerung habe: »Dann werden wir die Geschichte in zwei verschiedenen Fassungen haben. Und was stört Sie daran, daß es zwei Fassungen geben wird?« In der Tat: Was sollte mich daran stören?

1990

Der Einfaltspinsel
in der Rumpelkammer

Groß ist die Zahl seiner literarischen Fehlschläge, kühn und kurios sind seine politischen Verlautbarungen, seine beschwörenden Warnungen und düsteren Prophezeiungen. Was immer er schreibt und verkündet, wird, nun schon seit vielen Jahren, beanstandet und belächelt, gerügt und gegeißelt. Ignoriert wird es nicht. Sein Thron wackelt bedenklich und ist doch nicht ernsthaft gefährdet. Niemand scheint daran gelegen, ihm, Günter Grass, den Platz streitig zu machen, den er auf unserer literarischen Bühne einnimmt. Vielleicht hängt das auch damit zusammen, daß sich Kandidaten für die Nachfolge nirgends ausspähen lassen. Nach dem Tod von Böll und Peter Weiss, von Frisch und Dürrenmatt, von Ingeborg Bachmann, Uwe Johnson und Thomas Bernhard ähnelt diese Bühne der Erde, wie sie am Anfang war: Sie ist wüst und leer. Um die Lebenden zu schonen: beinahe wüst und beinahe leer.

Jedenfalls läßt der Ruhm von Günter Grass nur wenig nach: Er ist und bleibt Deutschlands erster und repräsentativer Schriftsteller. Die simple Frage allerdings, wen oder was er denn eigentlich repräsentiere, kann man nicht so leicht entscheiden. Am nächsten kommt man wohl der Sache, wenn man schlichtweg sagt, er repräsentiere nichts anderes als die Verwirrung und die Ratlosigkeit vieler unserer Intellektuellen, zumal der Autoren. Dies freilich tut er mit sprachlicher Kraft. Ja, sein Deutsch ist nach wie vor saftig und deftig, ich sehe weit und breit keinen, der dem Stilkünstler Grass das Wasser reichen könnte. Wenn er auch noch wüßte, wozu er das Instrument, das er so sicher beherrscht, verwenden könnte, dann wäre, vielleicht, alles in Butter. Aber gerade hier hapert es.

Mit anderen Worten: Grass hat kein Thema. Er muß es sich erst suchen und herbeiziehen – notfalls an den Haaren. Das sei doch, ließe sich gleich einwenden, schlechthin undenkbar. Denn wir leben in einer hochdramatischen, einer aufregenden Zeit. Nie war unsere Welt interessanter. Die Themen liegen auf der Straße. Schon wahr, aber darauf kommt es eben nicht an.

Man brauche gar nicht sein Haus zu verlassen, es genüge, »völlig still und allein« zu sein: »Anbieten wird sich dir die Welt zur Entlarvung« – schreibt Franz Kafka –, »sie kann nicht anders, verzückt wird sie sich vor dir winden.«[1] So ist es – nur muß der Schriftsteller sie, die sich vor ihm verzückt windet, noch nehmen können. Wenn Dostojewski in Lüneburg gelebt hätte, hätte er auch dort die Brüder Karamasow gefunden.

Was tut ein Erzähler, der nicht recht weiß, womit er uns unterhalten, wovon er erzählen soll? Er versucht es mit der Wiederholung des Erprobten und Bewährten. Er hofft, der Rückgriff auf einen früheren Sieg werde ihm zu einem abermaligen Erfolg verhelfen. Thomas Mann dachte nicht daran, nach den »Buddenbrooks« noch einen Lübeck-Roman zu verfassen. Und er war gut beraten.

Als Grass nach seiner Danziger Trilogie, nach der »Blechtrommel« also, nach »Katz und Maus« und den »Hundejahren«, über seine literarischen Pläne befragt wurde, erklärte er hochmütig, man solle sich keine Sorgen machen, er habe Material genug. Allein der Stadtteil Danzig-Langfuhr reiche als literarischer Stoff für sein ganzes Leben aus.[2] Das war ein Irrtum, ein verzeihlicher vielleicht, doch ein verhängnisvoller, zumal für Grass selber. Übrigens: Nicht seine Geburtsstadt hat er falsch eingeschätzt, sondern seine schriftstellerischen Möglichkeiten.

Nachdem er schon für den unseligen Roman »Die Rättin« aus seinem mittlerweile ziemlich verstaubten Fundus den kleinen Oskar Matzerath, den Helden der »Blechtrommel«, hervorgeholt hatte, macht er jetzt noch einmal Danzig zum Schauplatz eines epischen Werks. Aber die immerhin dreihundert Seiten umfassende Erzählung mit dem finsteren, Unheil verheißenden Titel »Unkenrufe«[3] spielt nicht mehr in der Stadt seiner Kindheit und Jugend, vielmehr im heutigen, im polnischen Danzig.

Es ist Grass nicht zu verübeln, daß ihn an diesem Danzig im Grunde nur das interessiert, was an die Vergangenheit erinnert, also einzelne Straßen und Plätze, Kirchen, Türme und Paläste. Was man darüber zu lesen bekommt, beschränkt sich auf flüchtige, auf dürftige Bemerkungen, die so gut wie nichts erkennbar machen – es sei denn die hinlänglich bekannte Sehnsucht des Günter Grass nach seiner Schulzeit. Auch als Ratgeber für bundesdeutsche Touristen ist die neue Erzählung unbrauchbar.

Das kleinbürgerliche Pandämonium wiederum, dem die Danzig-Saga ihre Originalität verdankt und ihre Skurrilität, ist in den »Unkenrufen« nicht mehr zu finden – natürlich, denn im heutigen Danzig leben keine Deutschen, ob nun Kleinbürger oder nicht. Sogar die bei Grass üblichen und früher nicht störenden sentimentalen Akzente, die nostalgischen Reminiszenzen also, sind jetzt nur noch matt und leblos.

Die Folge: Unentwegt ist von Danzig die Rede, doch könnte es auch Stettin sein oder Königsberg, wenn nicht gar Aschaffenburg oder Gelsenkirchen. Alles ist nur Kulisse und daher austauschbar, auch das Personal: Ob Deutsche oder Polen – es sind Chargen aus dem Reservoir der klassischen Operette. Nicht einmal auf die komische Alte, die hier Dialekt spricht, wollte Grass verzichten.

Freilich: Das alles bildet nur den Hintergrund. Denn diese Erzählung steht und fällt mit den beiden Figuren im Mittelpunkt und mit ihrem höchst sonderbaren Plan, der als Achse und Basis des Ganzen dient. Ein Deutscher aus Bochum besucht Danzig. Auf dem Marktplatz kommt er mit einer Polin ins Gespräch. Er ist Kunsthistoriker und Professor, sie Restauratorin und Vergolderin. Er Witwer, sie Witwe, seine Kinder sind aus dem Haus, ihre (oder hat sie nur einen Sohn?) auch. Er möchte sich Blumen kaufen, und zwar Astern. Sie möchte sich Blumen kaufen und ebenfalls Astern. Er Alexander, sie Alexandra. Mit Verlaub: Papageno und Papagena?

Wie auch immer: Da nicht genug Astern angeboten werden, schenkt er ihr jene, die er gerade erworben hat. So wird aus zwei mageren Sträußen ein ansehnlicher. Alles ist schön übersichtlich, jawohl, wir haben die dichterische Intention schon begriffen, die Klassenletzten nicht ausgeschlossen. In der Tat läuft hier alles wie am Schnürchen: Bekanntschaft und Freundschaft und, versteht sich, die Liebe. Es dauert nicht lange, und es wird sogar geheiratet: ein glückliches deutsch-polnisches Bündnis. Das ist doch, muß man zugeben, gut gemeint.

Jung sind sie übrigens nicht: Der Deutsche mit dem »graumelierten Oberlippenbärtchen« und mit den »beginnenden Altersbeschwerden« ist zweiundsechzig, die Polin, »rundlich stramm, doch nicht verfettet« und mit »in Richtung tizianrot geschöntem Haar«, wird gerade sechzig Jahre alt. Das kann nicht gut ablaufen. Denn mit der Erotik ist der Erzähler Günter Grass noch nie zu Rande gekommen, sie ist bei ihm so reizvoll wie die knochige Tulla Pokriefke aus der Danziger Trilogie. Im Grunde ist es einfach: Dem Wortmächtigen fehlt das Vokabular für die Liebe. Und ich fürchte, daß zu seinen Tugenden und starken Seiten nicht jene gehören, die man mit so unwissenschaftlichen Kategorien wie Takt und Geschmack nur sehr ungenau andeuten kann. Da lesen wir über das deutsch-polnische Paar: »Sie werden ihre Liebe wie eine Aufgabe bewältigt haben.« Um Himmels willen: Ist die Liebe denn eine Aufgabe, die sich bewältigen oder nicht bewältigen läßt?

Den älteren Herrn aus Bochum habe es »spät und zugleich pubertär erwischt«, es jucke ihn regelrecht, »alle Register zu ziehen, flegelhaft unanständig zu sein«: »Wie nach einem Rohrbruch ergießen sich Obszönitäten, die, allzu lange gestaut ...« Das ist menschlich, nur sollen hier keine falschen Hoffnungen geweckt werden: Obwohl mir nichts ferner liegt, als dem Autor Grass geschäftlich schaden zu wollen, muß ich doch den Lesern reinen Wein einschenken. Also: Nicht einmal handfeste Sauereien sind in dem Buch zu haben. Es ist seniorenfreundlich und jugendfrei zugleich.

Von den »wirklichen Anstrengungen im zu schmalen Bett« wird nichts preisgegeben; und von den Umschreibungen, mit denen sich der deutsche Professor offenbar sehr intensiv um »die Geschlechtsteile zweier Liebender« bemüht, erfahren wir nur eine einzige: Seinen Penis nennt er einen »spät entwickelten Einfaltspinsel«. Pinsel – das ist klar, doch was hat hier die Einfalt zu suchen? Es kommt noch schlimmer: »Gleich nach Vollzug der Liebe« (aber vielleicht zitiert hier Grass einen Ausdruck seines abscheulichen Helden) bittet Alexandra ihren Alexander: »Bleib noch bißchen in meiner Rumpelkammer.« Kein Kommentar.

Nur sollten wir nicht die große Sache vergessen, deren sich die beiden Liebhaber, die allem Anschein nach nichts zu tun haben, mit Ausdauer und jugendlicher Begeisterung annehmen. Der Kunsthistoriker aus Bochum will zur deutsch-polnischen Versöhnung beitragen, und die Danziger Restauratorin, die ihm dankbar ist (»Du hast mich gebumst ganz schön und möcht ich noch oft ...«), macht gern mit. Um das Unrecht geht es, das den aus Danzig geflohenen oder vertriebenen Deutschen angetan wurde, es geht um eine großzügige Wiedergutmachung von ganz besonderer Art: Das Jahrhundert der Vertreibungen soll seinen Ausgang »unter dem Zeichen der Heimkehr« finden. Oh, là, là: Unser guter Grass – ist er gar ein Revanchist geworden? Nein, das gibt es nie und nimmer.

Nicht die Lebenden will sein deutsch-polnisches Paar beglücken, sondern – andere Sorgen haben sie nicht – die Toten oder solche, die sich dem Tod nahen. Es habe mit dem Älterwerden – dies die Grundidee des deutsch-polnischen Vorhabens – eine wachsende Zahl Menschen den Wunsch, »sozusagen zu Haus unter die Erde zu kommen«, das sei, kurz und bündig, ein Naturrecht. Rasch wird eine deutsch-polnische Friedhofsgesellschaft gegründet, ja ein »Versöhnungsfriedhof« eröffnet. Die organisierten Landsmannschaften, nicht auf den Kopf gefallen, zeigen »vitales Interesse an Rückkehr in die Heimat, wenn auch der Toten nur«.

Doch sind es bald nicht bloß die Toten: Hochbetagte Trauergäste wollen immer häufiger ihren Lebensabend in der Heimat verbringen. Die Polen befürchten eine unkontrollierte Rückwanderung. Auf deutscher Seite denkt man an die Umbettung der nach 1970 in der Bundesrepublik gestorbenen Danziger. Im polnischen Parlament wird gewarnt: »Eine Armee deutscher Leichen tritt zur Eroberung unserer Westprovinzen an!«

Ja, es gibt in der Erzählung »Unkenrufe« viele Leichen, viele Totengräber und Friedhofsgärtner, unzählige Särge und Urnen, Grabsteine und Gräberfelder, Epitaphe und Sarkophage, Beinhäuser und Gruftgewölbe; Bestattungen werden erörtert und Leichentransporte. Trotz der Überfülle derartiger Motive ist hier – und das mag überraschen – nichts makaber. Denn wo man das Aroma des Lebens vermissen muß, da bleibt man auch vom Geruch des Todes verschont.

Zu fragen ist – und leider nicht zum ersten Mal angesichts eines neuen Buches von Grass: Wie konnte dieses

Malheur passieren? Wir haben es doch mit einem ernsten und reifen, einem nachdenklichen und sorgfältig planenden Künstler zu tun, mit einem, der, was man ihm auch vorwerfen mag, nie leichtfertig produziert. Wie soll man sich seine Schwäche für den Kunsthistoriker erklären, der, statt sich mit seinem Fach zu beschäftigen und sich um seine Studenten zu kümmern, Sargkataloge wälzt und Überführungskosten kalkuliert? Hat Grass denn nicht gesehen, daß er, das Porträt eines umständlichen und weltfremden deutschen Professors zeichnend, einem uralten Klischee folgt?

Wie konnte ihm entgehen, daß die polnische Restauratorin und Patriotin, der nationale Aufwallungen keineswegs fremd sind, die aber auf dem Danziger Friedhof unbedingt wieder deutsche Inschriften wie »Ruhe sanft!« oder »Hier ruht in Frieden!« haben möchte und sie beschwörend herbeizuwünschen versucht – daß diese Patriotin bloß eine fatale Konstruktion ist? Man hüte sich, hier von Satire zu sprechen. Denn was albern ist, ist noch lange nicht satirisch.

Auf der Seite 98 erreicht das Buch seinen Höhepunkt. Grass verliert, was seine Leser längst verloren haben, nämlich die Geduld: »Jetzt hätte ich Lust, meinen Ärger abzulassen. Was kümmern mich ihre Briefe! Was zwingt mich, bei seinen Computerspielen mitzumachen? Was reizt mich an ihrer Geschichte noch?« Diese Erleuchtung hat meine Laune schlagartig gebessert, ich wollte unserem Grass zurufen: Jetzt reicht es, seien Sie vernünftig, erbarmen Sie sich unser und machen Sie einen kurzen Prozeß, töten sie, und zwar sofort den betulichen und dümmlichen Alexander, töten Sie seine stramme und unentwegt schäkernde und turtelnde Alexandra! Haben Sie keine Skrupel, es wird kein Tropfen Blut fließen. Denn beide haben nie gelebt. Zögern Sie nicht: Ein Autounfall mit Totalschaden wird uns alle erlösen. – Dies, wie gesagt, zur Seite 98. Und tatsächlich endet so die Erzählung »Unkenrufe«. Nur leider, man kann es kaum glauben, erst auf Seite 299.

Ist Grass mit seinem Latein am Ende? Seine Kollegen meinen dies schon seit vielen Jahren. Ich indes glaube davon kein Wort. Er ist geblieben, was er immer war: ein ganz und gar unberechenbarer Schriftsteller. Er wird uns noch manch eine Überraschung bescheren. Zuzutrauen ist ihm alles.

1992

Der gute Grass und die böse Kritik
Polemik aus gegebenem Anlaß

Des Lebens ungemischte Freude ward keinem Irdischen zuteil. Auch keinem Schriftsteller und keinem Genie. Keiner ist gegen Rückschläge und Dürreperioden gefeit: Wer die Gunst der Zeit genießen durfte, muß erfahren, daß sich das Blatt wenden kann. Vergessen hat man ihn, der einst im Mittelpunkt der Aufmerksamkeit stand, zwar keineswegs, ja, er ist immer noch und zu Recht berühmt. Aber erfolgreich ist er nicht mehr.

Hat seine schöpferische Kraft nachgelassen? Sind seine Bücher schlechter geworden? Oder hat sich seine Kunst gar überlebt? An diesen Fragen sollte niemand mehr interessiert sein als der Betroffene selbst. Aber in der Regel ist es anders: Der einst ein Liebling der Öffentlichkeit war und nun in den Schatten geraten ist, forscht nicht lange nach einer Antwort. Denn er hat sie schon parat, er weiß genau, wer die Schuldigen sind: die Kritiker.

Noch einmal sei es gesagt und ohne Abstriche: Günter Grass ist ein außerordentlicher Schriftsteller, ein Sprachkünstler sondergleichen. Und daran haben seine schwachen Bücher aus den letzten Jahren nichts geändert. Doch wie reagiert ein Autor auf böse Kritiken? Manche (wie Thomas Mann) ballen die Faust unter der Bettdecke, andere (wie Zuckmayer) wollen ihren Zorn produktiv machen und den Rezensenten mit ihrem nächsten Buch beschämen, wiederum andere (wie Martin Walser) klagen ihr Leid in beinahe jedem Interview. Nicht so Grass, der Grimmige: Seine Wut entlädt sich in größeren Zeitabständen. So vor wenigen Tagen – in einer Dankrede für den Großen Literaturpreis der Bayerischen Akademie der Schönen Künste.

Grass meint: »Wer so lange den Buckel hinhält und sich sogar gelegentlich öffentlichen Auspeitschungen unterwerfen mußte ...« Was soll das? Natürlich hat er den Buckel hingehalten – das tut jeder, der Bücher publiziert. Und wie ist es mit den »Auspeitschungen«? Es mag schon sein, daß die Kritik einiges von Grass besonders streng behandelt hat. Nur: Welcher deutscher Autor nach 1945 wurde häufiger und nachdrücklicher gerühmt und gepriesen? Wenn die deutsche Kritik als Institution vor einem Buch von Grass versagt hat, dann nur vor einem einzigen: vor seinem Erstling, dem schönen Gedichtband »Die Vorzüge der Windhühner«; man hat ihn damals, 1956, überhaupt nicht wahrgenommen. Übrigens: Der Lyriker Grass wird nach wie vor unterschätzt.

Aber wie lebt man – fragt er – »mit lebenslänglich anhaltender Kritik«? Leider bleibt er die Antwort schuldig und begnügt sich mit der knappen Behauptung, sie sei weder »besonders hilfreich« gewesen, noch habe sie bei ihm »nachhaltigen Schaden angerichtet«. Zunächst: Grass sollte endlich begreifen, was auch Goethe zu verstehen schwergefallen ist – daß Kritiken nicht für Autoren geschrieben werden, sondern für Leser. Möglicherweise hat Grass aus den Kritiken seiner Werke nichts gelernt. Waren sie deshalb nicht hilfreich? Wer hat denn unentwegt dafür gesorgt, daß alle seine Bücher, auch die eher beiläufigen oder gar mißratenen, immer wieder ernsthaft und oft auch liebevoll diskutiert wurden – wenn nicht die Kritik?

In seiner Sicht – sagt Grass – sei der Autor ein Arbeitgeber: »Ohne ihn gäbe es die Kritiker nicht, ohne sein vorliegendes Werk müßten sie sich selbst zerfleischen; arbeitslose Sozialfälle wären sie ohne den Schriftsteller …« Ebenso könnte er sagen, der Verbrecher sei der Arbeitgeber der Richter. Das ist ein aparter Gedanke, gewiß, nur leider barer Unsinn. Und doch steckt in der Albernheit ein vernünftiger, ein rationaler Kern. Denn erst kam das Fressen und dann die Moral. Erst gab es Krankheiten und dann die Medizin. Erst wüteten die Bösewichter und Missetäter, und dann erst entstand das Gerichtswesen. Spricht das gegen die Medizin, gegen das Gerichtswesen?

So ist es auch in unserer heiteren Branche: Erst war die Poesie da, dann die Theorie, erst die Literatur, dann die Kritik. Als Aischylos, Sophokles und Euripides ihre Tragödien verfaßten, folgten sie nicht den Vorstellungen des Aristoteles, vielmehr war dessen Poetik die Reaktion auf ihre Werke. War deshalb die Poetik überflüssig?

Jedenfalls hat sich an dieser Reihenfolge bis heute nichts geändert. Mit anderen Worten: Wir Kritiker sind nicht dazu da, die Autoren zu belehren, was und wie sie schreiben sollen, sondern dem Publikum zu erklären, was und wie sie geschrieben haben – und was es taugt. Vertragen unsere Schriftsteller keine Kritik? In einem Brief Arthur Schnitzlers findet sich der Satz: »Sie wissen, wieviel mir an dem Urteil von jemandem liegt – der mich lobt!«

Hier ist denn auch des Pudels Kern und der Hase im Pfeffer: Empört über die Kritik, die sich hartnäckig weigert, seine neueren Produkte zu rühmen, belegt Günter Grass mit seinem Bann den Kulturbetrieb, der eine so schnöde Kritik duldet. Ihn entrüstet eine immer deutlicher werdende Tendenz: Das Sekundäre schiebe sich vor das Primäre. Nicht das neu erschienene Buch sei das Ereignis, sondern das Echo, das von ihm hervorgerufen werde. Er spricht vom Ausverkauf: »Wir werden aus zweiter Hand bedient.«

Beispielhaft für diese »Angebote aus zweiter Hand« sei das Verhältnis zu Thomas Mann. Wie bitte, ausgerechnet zu Thomas Mann? Da laßt mich mal ran – pflegte in solchen Situationen Tucholsky zu sagen. Also los. Warum beschäftige man sich heutzutage mit dem Lebenswerk des großen Herrn aus Lübeck? Grass weiß es: Allenfalls sei es darum gegangen, herauszufinden, »anhand welcher Personen im fiktiven Erzählstrom der überlieferten Bücher sich die Homosexualität des Autors nachweisen lasse«. Das ist gar nicht falsch, nur will mir nicht einleuchten, was dagegen einzuwenden wäre.

Daß die Homoerotik eine der zentralen Fragen im Leben von Thomas Mann war, konnte seinen aufmerksamen Lesern nie entgehen. Daß sie aber seine ganze Existenz von der Jugend bis ins hohe Alter geprägt hat, daß er von ihr aufs tiefste beglückt und heimgesucht wurde – das haben uns erst seine seit 1977 erscheinenden Tagebücher bewußt gemacht. Alle seine Romane, viele seiner Erzählungen und sogar manche seiner Essays – wir sehen und verstehen sie jetzt anders und besser als früher. Wie prüde muß man sein, um dem Publikum und der Kritik das Interesse an Thomas Manns erotischen Leiden vorzuwerfen? Prüde oder zimperlich allerdings war unser Grass nie, wir haben es hier eher mit einem fatalen Mißverständnis zu tun.

Doch es kommt noch schlimmer. Da der Umgang mit den Romanen und Erzählungen Thomas Manns »langwierig« und »zeitraubend« sei, habe die Kritik zu seinen Tagebüchern gegriffen, die rasch »verwertbares Material« liefern. Es ist kaum zu glauben: Grass hält offenbar die Tagebücher für mehr oder weniger belanglose Nebenarbeiten. Aber diese (bisher) neun Bände sind ein Hauptwerk Thomas Manns und übrigens wertvoller als die meisten Romane und Erzählungen, die in unserer Sprache und in unserem Jahrhundert geschrieben wurden.

Und wenn Grass die vielen Arbeiten verhöhnt, die über die Tagebücher veröffentlicht wurden (»Endlich haben wir ihn im Griff«, »nun haben wir ihn doch noch heimgeholt nach langer Emigration. Jetzt ist er unser«), so ist das schon zur Hälfte richtig. Nein, wir haben weder Goethe noch Hölderlin oder Heine »im Griff«, nicht einmal den Autor der »Blechtrommel« – und natürlich auch nicht ihn, Thomas Mann. Das Wort »heimgeholt« gefällt mir nicht, daß er aber heute in Deutschland mehr bewundert und, vor allem, mehr gelesen wird als vor zwanzig oder dreißig Jahren – daran zweifle ich nicht.

Wo bleibt – fragt Grass weiter – in unserem literarischen Leben jene Kritik, die »noch altmodisch vom Buch zehrt«? Das Schaugeschäft bestimme die Tendenz: »Der einzelne Entertainer, der sich als Quartett aufspielt, der literarische Stammtisch gibt den Ton an.« Das ist wieder einmal nicht ganz richtig, aber auch keineswegs ganz falsch. So ist das bei Grass: Er hört, besser als andere, die Glocken läuten, nur weiß er nicht, von welchem Kirchturm. Recht hat er: Beim »Literarischen Quartett« haben wir es auch mit Entertainment zu tun, und daß sich diese Runde bisweilen einem Stammtisch nähert, mag zutreffen.

Welches Ziel schwebt denn der Kritik vor? Kurz gesagt: Kritik will Literatur ermöglichen. Sie möchte den neuen und guten Büchern ein Publikum verschaffen. Und sie möchte dem Publikum zu neuen und guten Büchern verhelfen. Nichts anderes hat das »Literarische Quartett« im Sinn. Es sei nur eine intellektuelle Show? Vielleicht. Es sei oberflächlich? In der Tat, eingehende Analysen können hier nicht geboten werden, wohl aber Informationen und Anregungen und mitunter nachdrückliche Empfehlungen. Der reale Einfluß ist meßbar. Eine Million Zuschauer verfolgen die Gespräche, Tausende kaufen innerhalb von wenigen Tagen die von uns gelobten Bücher, in manchen Fällen sogar Zehntausende. Daß darunter bisher keine Bücher von Grass waren, ist sehr bedauerlich. Nur: Wessen Schuld mag das wohl sein?

Wie ist es schließlich mit der – von Grass beklagten – »Hybris des Sekundären«? Von Hybris kann keine Rede sein, wahr aber ist, daß sich bei uns gelegentlich ein Mißverhältnis zwischen dem Primären und dem Sekundären bemerkbar macht. Alle wissen wir, daß nicht nur Grass in eine Krise geraten ist, sondern die ganze deutsche Gegenwartsliteratur. Das läßt sich schon an der Produktion der meisten Verlage ablesen: Sie drucken nicht weniger als früher, doch vorwiegend Ausländer – und nicht nur, wie eh und je, Franzosen, Engländer und Amerikaner, sondern, immer häufiger, auch Dänen, Schweden und Holländer.

Ein Zeichen der Krise mag es auch sein, daß die deutschen Kritiker bisweilen besser schreiben als die Autoren, mit denen sie sich beschäftigen. Was Grass so ärgert, trifft teilweise zu: Für manche Kritiker interessiert man sich heutzutage mehr als für diesen oder jenen Debütanten und für diesen oder jenen Schriftsteller, der uns in den sechziger, in den siebziger Jahren entzückt hat. So ist das: Wenn Seuchen um sich greifen, werden die Ärzte immer wichtiger. Doch sollte man keine Wunder von ihnen erwarten. Mit anderen Worten: Die Krise, die schon so lange dauert, wird hoffentlich bald zu Ende gehen. Aber nicht die Kritiker können sie überwinden, sondern die Autoren. Wo es genug zu feiern gibt, verstummt die Klage über die »permanente Selbstfeier des Sekundären« ganz von selbst.

Das Lamento schließt mit einem Geständnis, das mich überrascht und (ich meine das ganz ernst) auch rührt: Grass sagt uns, was ihn zu dieser Zeit, die für ihn so wenig Verständnis hat, doch noch tröste – es seien Briefe von Lesern, zumal aus Krankenhäusern. Wie enttäuscht und verbittert muß ein großer Schriftsteller sein, wenn er nur dort Trost finden kann, wo ihn jeder Anfänger findet – in Leserbriefen.

Doch sein nächstes Buch – ich hoffe es, ich bin dessen beinahe sicher – wird gut und schön sein, wir werden ihn alle loben und preisen. Und unser Günter Grass? Er wird die deutsche Kritik in einem milderen Licht sehen,

ja sogar für das »Quartett« wird er ein freundliches Wörtchen haben, und das Entertainment wird ihn nicht mehr
stören. Dann wird er mir wieder einmal einen Butt zubereiten – und wir werden von der Liebe reden, wie einst
im Mai. Und von der Kritik, der schrecklichen, und von
der Literatur, der herrlichen.

1994

... und es muß gesagt werden

Ein Brief von Marcel Reich-Ranicki
an Günter Grass zu dessen Roman
»Ein weites Feld«

Mein lieber Günter Grass, es gehöre »zu den schwierigsten und peinlichsten Aufgaben des Métiers« – meinte Fontane –, »oft auch Berühmtheiten, ja, was schlimmer ist, auch solchen, die einem selber als Größen und Berühmtheiten gelten, unwillkommene Sachen sagen zu müssen«. Aber – fuhr er fort – »schlecht ist schlecht, und es muß gesagt werden. Hinterher können dann andere mit den Erklärungen und Milderungen kommen«.[1] Das ist, ziemlich genau, meine Situation.

Ich halte Sie für einen außerordentlichen Schriftsteller, mehr noch: Ich bewundere Sie – nach wie vor. Doch muß ich sagen, was ich nicht verheimlichen kann: daß ich Ihren Roman »Ein weites Feld«[2] ganz und gar mißraten finde. Das ist, Sie können es mir glauben, auch für mich sehr schmerzhaft. Sie haben ja in dieses Buch mehrere Jahre schwerer und gewiß auch qualvoller Arbeit investiert. Sie haben, das ist unverkennbar, alles aufs Spiel gesetzt: Es ist das umfangreichste Werk Ihres Lebens geworden. Was soll ich also tun? Den totalen Fehlschlag nur andeuten und Sie schonen, Sie also wie einen »matten Pilger« (auch ein Fontane-Wort!) behandeln? Nein, das nun doch nicht. Nur eins verspreche ich Ihnen: Wer hier auf boshafte Witze und auf hämische Seitenhiebe wartet, der soll nicht auf seine Rechnung kommen. Denn schließlich geht es um eine todernste Sache – jedenfalls für Sie.

Wollten Sie einen Roman über Fontane schreiben? Wohl kaum. Sie wissen doch, daß es längst einen solchen Roman gibt und daß ein Konkurrenzkampf mit jenem, der ihn verfaßt hat, leichtsinnig, wenn nicht aussichtslos wäre. Und das ist kein anderer als Fontane selber: Aus seinen Briefen und Erinnerungen, Tage- und Reisebüchern, auch aus seinen Kritiken und nicht zuletzt aus seinen Romanen und Novellen ergibt sich ein Autoporträt, dem sich beides entnehmen läßt – wie er war und wie er gesehen werden wollte. Nein, nicht über Fontane, vermute ich, wollten Sie schreiben, sondern zunächst und vor allem über Deutschland und Berlin in den Jahren des Untergangs der DDR und also der Wiedervereinigung.

Wie beinahe alle erfolgreichen Autoren gelten auch Sie – diesen Ruf verdanken Sie natürlich Ihren Kollegen – als größenwahnsinnig. Ich bin da ganz anderer Ansicht. Nicht Größenwahn, so will es mir scheinen, hat Ihre literarische Produktionskraft in den achtziger und in unseren neunziger Jahren stark beeinträchtigt, sondern eher Unsicherheit, genauer: mangelndes Selbstvertrauen. Fast habe ich den Verdacht, daß Sie jetzt mehr an Ihr Talent als Zeichner und Graphiker glauben denn als Erzähler, als Romancier. Kritik und Publikum haben Ihre »Rättin« und Ihre »Unkenrufe« und auch zwei oder drei kleinere

Bücher mit großer Entschiedenheit und meist auch sehr schroff abgelehnt. Das mag einer der Gründe Ihrer Krise sein. Ein anderer hat wohl mit der Politik zu tun.

In den sechziger Jahren (nicht etwa früher!) wurden Sie aus einem im Grunde apolitischen Künstler ein leidenschaftlicher Amateurpolitiker. Diese Vokabel sollte Sie nicht kränken: Schriftsteller, die sich der Politik zuwenden, agieren so gut wie immer als Amateure – und wenn Sie Berufspolitiker werden, dann schaden Sie der Literatur, ohne der Politik zu nützen. Nein, Ihren Beruf wollten Sie im Ernst nie wechseln, aber an der Anerkennung als Politiker war Ihnen doch sehr gelegen. In der Tat: Willy Brandt suchte Ihren Ratschlag – und hat Sie bald bitter enttäuscht. Denn er brauchte Sie, solange er um die Macht kämpfte – und als er Bundeskanzler war, wollte er von Ihnen nichts mehr wissen. Irre ich mich, wenn ich vermute, Sie hätten dies nie ganz verwunden?

Es waren auch nur Enttäuschungen, die Ihnen die deutsche Politik danach bereitet hat – zumal in der Zeit um 1990. Alles veränderte sich, und zwar viel schneller, als wir es uns je haben vorstellen können. Sie standen nicht abseits. Sie nahmen an den Geschehnissen teil – als Redner und Publizist. Einladungen zu Interviews und Diskussionen lehnten Sie nicht ab. Das ehrt Sie. Allerdings vertraten Sie Anschauungen, für die die Mehrheit kein Verständnis hatte. Sie blieben allein. Das spricht noch nicht gegen Sie. Aber das hat Ihnen Schmerz zugefügt, mit dem Sie nicht zu Rande kommen konnten. Und haben Sie nicht gerade damals mit der Arbeit an Ihrem Roman »Ein weites Feld« begonnen? Man hüte sich, schrieb Schiller, »mitten im Schmerz den Schmerz zu besingen«[3].

Wie auch immer: Sie waren offensichtlich Ihrer literarischen Mittel nicht sicher genug, um das, was sich vor allem in Berlin abgespielt hat, ohne viele Umstände zum Hintergrund einer Geschichte zu machen: Ihnen haben – und wer dürfte Ihnen das verübeln? – Kraft und Mut gefehlt und jene Risikobereitschaft, die nötig ist, wenn man vor einem leeren Blatt Papier sitzt und erzählen möchte. Erzählen ist doch – davon bin ich überzeugt – die Gegenwart erleben und das Erlebte vergegenwärtigen. Aber wem sage ich das?

Sie, mein lieber Günter Grass, meinten, Sie seien, um das Erlebte vergegenwärtigen zu können, auf einen zentralen, auf einen möglichst originellen, wenn nicht gar skurrilen Einfall angewiesen, einen Einfall, der Ihren Roman tragen und zusammenhalten sollte. Statt alle Skrupel zu überwinden (ich weiß schon: solche Skrupel und Hemmungen sind bei einem weltberühmten Autor, der nicht mehr der Jüngste ist, besonders groß) und über Personen, Schauplätze und Begebenheiten so direkt und deftig, so süffig und saftig zu schreiben, wie nur Sie es können, statt sich also für die Flucht nach vorn zu entscheiden, hielten Sie einen weiten Umweg für nötig. Und jetzt sind wir wieder bei Fontane.

Sie lieben Fontane. Wer liebt ihn nicht? Zugleich imponiert er Ihnen als Kollege vom Fach. Weil er ein ganz großer Könner ist, einer, der sein Handwerk scheinbar spielend beherrscht? Gewiß, aber da ist noch etwas anderes. Der alte Stechlin – sagt Pastor Lorenzen in seiner Totenrede – sei das Beste gewesen, was wir sein können: »ein Mann und ein Kind«. Man hat diese Worte oft auf Fontane selber bezogen und zu Recht. Was bedeuten sie, wenn wir an seine Schriftstellerei denken? Daß er beides auf einmal war: kritisch und naiv. Und beides in höchstem Maße. Die Synthese aus Kritizismus und Naivität ist das Geheimnis seiner Unmittelbarkeit und Gelassenheit, seiner Unbekümmertheit und Souveränität – und damit zugleich das Geheimnis seines Erzählens.

In einigen Kapiteln Ihrer »Blechtrommel« und in »Katz und Maus« ist diese Naivität sehr wohl zu spüren. Später verkümmerte sie und kam Ihnen schließlich abhanden – und das ist, vielleicht, die Krux Ihrer Epik. Fontane, mögen Sie gedacht haben, wäre Ihrem Thema schon gerecht geworden, etwa mit der Geschichte einer Berliner Familie so zwischen 1987 und 1992. Doch er und sein Werk – sie sind in jeder Hinsicht Produkte des neunzehnten Jahrhunderts. Auch in der Phantasie lassen sie sich nicht in unsere Zeit übertragen. Aber solche Gedankenspiele haben Sie möglicherweise auf die Idee gebracht, den Schwierigkeiten zum Trotz Fontane zu Hilfe zu rufen.

Sie haben alles getan, was in Ihrer Macht war, um aus Ihrem Theo Wuttke, der Fonty genannt wird, nun nicht gerade eine Wiedergeburt, doch immerhin eine Art Doppelgänger unseres Fontane zu machen: Wie sein Vorbild ist Fonty in Neuruppin geboren und sogar am gleichen Tag, wenn auch hundert Jahre später. Seine Ehefrau und seine Kinder erinnern an jene Fontanes, wenn sie ihnen nicht gleichen. Er ist Bürobote in der Treuhandanstalt, dennoch kleidet er sich wie Fontane und wird ihm mit der Zeit immer ähnlicher. Er identifiziert sich mit ihm auf so ungewöhnliche Weise, daß er von dessen Romanen oder Balladen spricht, als seien es seine eigenen Arbeiten, Während einer Krankheit entwirft er in Fieberdelirien neue Schlüsse zu mehreren Romanen Fontanes. Was soll das? Wollten Sie uns etwa beweisen, daß Sie es nicht besser machen können als Fontane? Da hatten wir ohnehin keine Zweifel.

Mit seiner Besserwisserei in Sachen Fontane und mit der ewigen Zitiererei geht der Bürobote Fonty allen auf die Nerven – wie jetzt ich Ihnen, mein lieber Grass. Dagegen läßt sich nichts machen. Weil ich ja ein professioneller Besserwisser bin? Nicht nur. Sie können ja beinahe alles besser als ich. Doch gibt es etwas, was ich mit Sicherheit besser kann als Sie – nämlich Ihr Buch beurteilen. Der Grund ist sehr einfach: Ich habe es nicht geschrieben. Sie wissen ungefähr oder vielleicht sogar genau, worauf Sie es abgesehen haben; und Sie können nicht vergessen, wie das Ganze in jahrelanger Arbeit entstanden ist. Dieses Wissen aber muß Ihre Sicht einschränken, es trübt Ihren Blick auf das in 781 Seiten vorliegende Ergebnis.

Ich denke nicht daran, Ihnen zu unterstellen, Ihr betagter Bote sei ein leibhaftiger Anachronismus nur infolge eines schriftstellerischen Betriebsunfalls geworden. Nein, so haben Sie ihn gewollt. Sie lassen ja über ihn sagen: »Im Prinzip lebt Vater alles noch mal durch, was längst schon verschüttet ist.« Und: »Man denkt, draußen kutschieren se noch mit ner Pferdebahn. Und nur Petroleumfunzeln gibt's, kein bißchen Elektrisch.« Aber ist Ihnen nicht aufgefallen, daß dieser Bote, der seit vielen Jahren im selben Gebäude arbeitet (wo einst das Reichsluftfahrtministerium war, in DDR-Zeiten das Haus der Ministerien und dann die Treuhandanstalt), der das Bleibende verkörpern soll und die Tradition, daß er nichts anderes als eine mühselige Konstruktion ist? Bei Lichte betrachtet, gibt es

eine Figur namens Fonty in dem Roman »Ein weites Feld«
überhaupt nicht. Nur diesen Namen gibt es.

Indes: Ein Schweißfuß – diese Volksweisheit, die ich
aus einem Stück von Brecht kenne, wird Ihnen zusa-
gen –, ein Schweißfuß kommt selten allein. Da in Ihrem
Roman sehr wenig geschieht und Sie Hunderte von Seiten mit Reflexionen und Mitteilungen, mit Diskussionen
und Briefen füllen, brauchten Sie für Ihren Fontane-Narr
Fonty einen ständigen Begleiter, einen Gesprächspartner.
Um hoch zu greifen: Ihrem Miniatur-Faust wollten Sie
einen kleinen Mephisto an die Seite stellen. Den haben
Sie aber nicht erfinden wollen, vielmehr haben Sie sich
ihn aus dem 1986 erschienenen Roman »Tallhover« des
Kollegen Hans Joachim Schädlich geholt.

Dessen unverwüstlicher, nämlich schon 1819 geborener Titelheld personifiziert die politische Polizei, die der
jeweiligen Staatsmacht treu dient, die sie beschützt – vom
alten Preußen über das Kaiserreich und das nationalsozialistische Deutschland bis zur DDR. Eine Märchenfigur
also und wiederum eine Konstruktion. Nur hat dieser
Tallhover bei Schädlich einen guten Sinn, eine klare
Funktion. Mit seiner Hilfe verbindet Schädlich auf ein-
leuchtende Weise Episoden, die in verschiedenen Epochen spielen.

In Ihrem Buch jedoch kann Tallhover, den Sie »Hoftaller« nennen, diese übergreifende Funktion nicht haben.
Bei Ihnen fungiert es als Fontys »Schrittmacher und
Aufpasser«, er ist sein »Tagundnachtschatten«. Gewiß hat
Schädlich Ihnen die Verwendung seiner nicht unoriginel-
len Figur (gern oder ungern) gestattet. Mit Verlaub: Wie
hätten Sie wohl reagiert, wenn ein deutscher Schriftsteller

gewünscht hätte, zum Helden seines Romans den Oskar Matzerath aus Ihrer »Blechtrommel« zu machen – vielleicht unter dem Namen »Ratzemath«?

Jedenfalls war es eine fatale Idee, neben das künstliche Geschöpf im Mittelpunkt, neben Fonty also, noch eine Marionette hinzustellen. Das Unglück, das schon geschehen war, wurde verdoppelt. Ein so sorgfältig kalkulierender Artist wie Sie, Günter Grass, mußte irgendwann die Fragwürdigkeit, ja die Unmöglichkeit dieser Konzeption schon merken. Sie schreiben: »War Fonty ohne seinen Tagundnachtschatten vorstellbar? Hätte dessen Abwesenheit nicht sogleich eine Geschichte beendet, deren Pointen vom Echo lebten und, mehr oder weniger mißtönend, zweistimmig gesungen sein wollten? Was bleibt übrig, fragten wir uns, wenn Hoftaller wegfällt?« Und etwas weiter: »Hoftaller war nicht sterblich!« – sehr richtig: Was nicht lebt, kann nicht sterben. Und daß die Geschichte zweistimmig gesungen sein wollte, stimmt nicht. Denn eine Geschichte gibt es hier eben nicht, leider.

Vor bald dreißig Jahren meinte ich, im Grunde seien Sie, obwohl es ein Roman war, der Sie berühmt gemacht hat, doch vor allem ein Geschichtenerzähler. Früher habe ich es bedauert, daß Ihnen in Ihren Romanen (anders als in Ihren glänzenden Erzählungen »Katz und Maus« und »Das Treffen in Telgte«) keine Ganzheit gelingen will, daß Sie meist nur Bilder, Szenen und Episoden aneinanderreihen. Jetzt bedauere ich, daß wir in dem »Weiten Feld« derartige in sich geschlossene Abschnitte vergeblich suchen.

Ihr Fonty, lesen wir, vertraute dem Ich-Erzähler an, »daß er sich leergeschrieben habe«. Um Gottes willen, sollte das für Sie selber gelten? Fonty gesteht knapp: »Mein

Wörtersack ist leer ... Kein Funke will springen.« Aber nein: Ihr Wörtersack ist nicht leer, er ist sogar prallvoll, sein Inhalt purzelt ununterbrochen heraus. Doch in der Tat will kein Funke springen. Bescheidener ausgedrückt: Meist ergeben die klangvollen Wörter und Wendungen erstaunlich wenig oder gar nichts. Deshalb müssen wir, Ihre mittlerweile leidgeprüften Leser, stöhnend in Kauf nehmen, daß Sie sich ständig wiederholen.

Darstellungen werden uns vorenthalten, mit Feststellungen werden wir überhäuft. Wie oft kann man uns mit der Auskunft belästigen, daß die gute Stube in Fontys Familie der »Poggenpuhlsche Salon« genannt wird? Mit der weltbewegenden Frage, ob der Paternoster im Haus der Treuhand abgeschafft oder, wie Fonty meint, doch erhalten werden müsse, langweilt er die Menschen seiner Umgebung. Warum müssen auch wir darunter leiden? Wozu nennen Sie beinahe alle bekannten DDR-Schriftsteller, wenn Sie über selbige, ob es nun Becher ist oder die Seghers oder Bredel, Bobrowski, Fühmann oder Hacks, wortwörtlich nichts zu sagen haben, wenn wir mit solchen Mitteilungen abgespeist werden wie: »die noch kürzlich vom Parteikollektiv gerügte Wolf«? Nur über Heiner Müller finden sich einige (wenn auch nicht unbedingt gerechte) Sätze.

Rundheraus gesagt: Sie überfordern die Geduld selbst Ihrer gutwilligsten Leser. Und ganz schlimm wird es, weil Ihr möglicherweise etwas seniler Oberlangweiler Fonty nicht aufhören kann, über die Romane und Novellen des von ihm so geliebten Fontane zu sprechen, richtiger: zu plappern. Er kennt sie alle, er informiert uns, die wir diese Romane ebenfalls und meist schon in unserer

Jugend gelesen haben, über einzelne Figuren und Motive. Aber, mein lieber Günter Grass, ich kann es einfach nicht fassen: In Ihrem »Weiten Feld« finden sich Tausende von Sätzen über Fontanes Epik – und darunter, sage und schreibe, kein einziger, der originell oder geistreich wäre. Wie ist das möglich? Ich gebe zu, ich bin ratlos, ich habe keine Antwort auf diese Frage.

Natürlich zitieren Sie Fontane ausgiebig – und so, wie die Dinge liegen, muß ich sagen: Je mehr in Ihrem Buch von ihm stammt, desto besser für uns und für Sie. Die Sache ist aber die, daß Sie die entliehenen Texte, woher Sie sie auch genommen haben (am häufigsten wohl aus seiner Korrespondenz) meist nicht kenntlich machen. Ihr Fonty verfaßt also viele und lange Briefe, die in Wirklichkeit von zwei Autoren geschrieben wurden – von Ihnen und von Fontane. Aber wer hat was geschrieben? Ein Fontane-Forscher kann das vielleicht erkennen, ich kann es nicht immer. Denn, erstens, umfaßt das Werk Fontanes Zehntausende von Seiten, und, zweitens, imitieren Sie seinen Stil, zumal den Plauderton, gar nicht übel.

Wahrscheinlich sind Sie auf diese Leistung besonders stolz, ich hingegen würde auf sie gern verzichten. Seit bald vierzig Jahren habe ich eine Schwäche für Ihre hämmernde, Ihre unverwechselbare Diktion in der Prosa und auch in der Lyrik, und es tut mir leid, daß es Ihnen jetzt offenbar Spaß macht, bisweilen mit verstellter Stimme zu sprechen. Überdies entsteht durch diese Textmischung ein etwas riskantes Durcheinander. Ich will Ihnen ein Beispiel geben. In einem Brief Ihres Fonty heißt es: »Alles, was sich deutsch nennt, wird vom Mittelmaß beherrscht.« Das ist dumm und ärgerlich.

Nun bin ich in dieser Hinsicht besonders empfindlich: Seit mir zum ersten Mal ein antisemitischer Satz an den Kopf geschmissen wurde – ich war noch ein Kind, und es war in einer deutschen Schule –, fürchte ich nationale und ähnliche Verallgemeinerungen. Wir wissen ja, wohin das geführt hat. Jetzt, mein lieber Günter Grass, werden Sie vielleicht triumphieren: Ätsch, ätsch – reingefallen. Denn dieser Satz über die deutsche Mittelmäßigkeit, werden Sie eventuell sagen, ist gar nicht von mir, sondern von unserem großen Fontane. Mag ja sein, ich bin da nicht sicher. Nur: Unsinn bleibt Unsinn.

Fontane war ein Schnellschreiber, dem (gar nicht so selten) auch ein törichtes Wort aus der Feder geflossen ist, zumal in seinen zahllosen Briefen. Mit Fontane-Zitaten hat man schon viel Unheil angerichtet, übrigens auch im Dritten Reich. Kurz und gut: Es wäre besser, Sie spielten mit offenen Karten, dann könnten wir nie auf die unangenehme Idee kommen, Sie wollten uns, sich bei Fontane reichlich bedienend, ein wenig übers Ohr hauen. Freilich könnten Sie sich auf Thomas Mann berufen: Er habe in seiner »Lotte in Weimar« authentische Äußerungen Goethes mit eigenen verbunden, ohne dies je erkennbar zu machen. Schon wahr, nur lautete meine Antwort: Leider, leider. Denn auch Thomas Mann hat mit dieser allzu bequemen Methode zur Verwirrung beigetragen.

Das Unglück Ihres Romans besteht wohl darin, daß Sie sich zwar unentwegt auf Fontane berufen, daß Sie ihn zitieren und imitieren und mitunter auch plündern, daß es Ihnen aber nicht gelingen will, das, worauf es hier ankommt und was gerade er wie kaum ein anderer deutscher Schriftsteller gekonnt hat, von ihm zu lernen –

nämlich: Gedankliches ins Sinnliche zu übertragen, Geistiges also sichtbar und anschaulich zu machen.

Das heutige Deutschland, das Ihnen ganz und gar mißfällt, sei zur Einheit unfähig, der alten DDR weinen Sie eine kleine Träne nach, die Zukunft der Nation sehen Sie in düstersten Farben. Schon gut. Aber alles wird nur behauptet und nicht erzählt, nur verkündet und nicht gezeigt. Von wem? Sie selber sagen über diese und ähnliche Themen nichts – und wie sollten Sie es, da Sie ja in dem Roman nicht vorkommen und niemand den Erzähler im Buch mit Ihnen verwechseln wird. Sie lassen den alten Büroboten Fonty reden und den ewigen Spitzel Hoftaller, der (unter anderem) für das Reichssicherheitshauptamt gearbeitet hat und dann ein Mann des Staatssicherheitsdiensts war – und der zu verstehen gibt, es irgendwie weiterhin zu sein. Jedenfalls sei er, sagt uns Fonty, »kolossal auf dem laufenden« und habe den »richtigen Riecher«.

Warum also ist die DDR zusammengebrochen? Hoftaller erklärt es: »Die drüben haben uns fix und fertig gemacht. Kein Wunder! Die gaben das Tempo an, wir mußten Schritt halten ... Wettlaufen, wettrüsten, bis wir außer Puste, ausgelaugt, leergeschrappt waren. Nun ist das ganze schöne Volkseigentum für die Katz ...« Und die Maueröffnung? Die sei von der Stasi längst geplant gewesen, aber die Greise in Wandlitz wollten nichts davon hören. Was soll der Blödsinn? Sollte damit etwa die Mentalität der Staatssicherheitsleute charakterisiert werden?

Der andere Zeitkritiker in Ihrem Roman, der alte Fonty, redet nicht vernünftiger, beispielsweise: »War siebzig-einundsiebzig nicht anders. Deutsche Einheit ist immer die

Einheit der Raffkes und Schofelinskis.« Hier spätestens weiß man, daß der alte Fonty ein hoffnungsloser Wirrkopf ist, der von der historischen Entwicklung in den letzten zehn Jahren nichts kapiert hat. Die Treuhand hält er für ein Gesamtkunstwerk, ein Gegenstück zu Bayreuth, das »Götterdämmerung en suite im Programm« habe. Wer in den Mittelpunkt eines Romans einen dummen Menschen stellt, muß damit rechnen, daß dessen Dummheit sich ausbreitet und das Ganze infiziert.

Eine knappe Beurteilung der DDR kann man im »Weiten Feld« ebenfalls finden: »Was heißt hier Unrechtsstaat! Innerhalb dieser Welt der Mängel lebten wir in einer kommoden Diktatur.« Auch dies sagt Fonty. Niemand widersetzt sich seiner Ansicht, nirgends wird sie korrigiert. Im Gegenteil, in diesem Roman gibt es zahlreiche, mehr oder weniger beiläufige Äußerungen über die DDR, und sie sind stets von diesem Geist, etwa: So schlimm war es ja wieder nicht, die Leistungen sollte man nicht übersehen, und auch in Wuppertal oder Bonn wird nur mit Wasser gekocht.

Mein lieber Günter Grass: Ich möchte nicht mit Ihnen über Ihre politischen Ansichten, die ich, verzeihen Sie, nicht immer ganz ernst nehmen kann, hier diskutieren. Es ist nicht meine Sache, Sie über die DDR zu belehren. Aber es ist mein Recht, mich zu wundern. Sie wissen so gut wie ich, daß das SED-Regime Millionen Menschen unglücklich gemacht, daß es Unzähligen, darunter, beispielsweise, unseren Kollegen Walter Kempowski und Erich Loest, Jahre ihres Lebens geraubt hat. Sie wissen, besser als ich, daß und wie die Literatur in diesem Land unterdrückt wurde. Sie wissen sehr wohl, daß die DDR ein schrecklicher Staat war, daß hier nichts zu beschönigen ist. Doch Ihr Roman kennt keine Wut und keine Bitterkeit, keinen Zorn und keine Empörung. Ich gebe zu, ich kann das nicht begreifen, es verschlägt mir den Atem.

Und ich kann es um so weniger begreifen, als Sie zur generellen und, wie ich meine, ungeheuerlichen Verurteilung der Bundesrepublik nach der Wiedervereinigung sehr wohl fähig sind. Zu Fontys Bekanntenkreis gehört ein Jude namens Freundlich, ein Professor, der in DDR-Zeiten Ärger mit der Partei hatte und dem nun westliche Professoren Kummer bereiten, weil sie »sich anmaßen, seinen wissenschaftlichen Rang zu evaluieren«. Er glaubt, es handle sich um antisemitische Schikanen, er verübt Selbstmord, denn: »Für Juden ist hier kein Platz.« Seiner Frau empfiehlt er, nach Israel zu emigrieren. Lieber Günter Grass, haben Sie keine Ahnung, wie es den Juden in der DDR ergangen ist, haben Sie nicht gehört, daß Tausende von Juden aus der ehemaligen Sowjetunion (und auch aus anderen Ländern) in den letzten Jahren in der Bundesrepublik Asyl gefunden haben? Ich habe keine Lust, mich hier über dieses Thema zu verbreiten, nur eines ist für mich sicher: Sie wissen nicht, wovon Sie reden.

Doch kommt es noch schlimmer in Ihrem Roman: Ähnlich wie Freundlich will auch Fonty nach der Wiedervereinigung nicht mehr in Deutschland leben. Seiner Enkeltochter schreibt er: »Alles sagt mir: Nichts wie raus aus dem Land, in dem für alle Zeit Buchenwald nahe Weimar liegt, das nicht mehr meines ist oder sein darf.« Ganz abgesehen davon, daß Buchenwald auch zu DDR-Zeiten nicht weit von Weimar lag, kommt mir das bekannt vor.

Haben Sie nicht, lieber Günter Grass, vor einigen Jahren, als eines Ihrer Bücher von bösen Kritikern verworfen wurde, lauthals erklärt: Jetzt nichts wie raus – und sind nach Indien geflogen? Und werden Sie sich jetzt wieder einmal von Deutschland abwenden wollen?

Aber daß ich es nicht vergesse. Da gibt es in Ihrem Buch eine Episode, die völlig aus dem Rahmen fällt. Sie schildern ein Treffen mit Uwe Johnson. Sie schildern es wunderbar. Das kann keiner besser als Sie. Aber es sind nur fünf Seiten von 781.

Es grüßt Sie in alter Herzlichkeit
Ihr Marcel Reich-Ranicki

1995

»Ich bedaure nichts«

Kritiker Marcel Reich-Ranicki
über sein schwieriges Verhältnis zum
Nobelpreisträger Günter Grass

Spiegel: Herr Reich-Ranicki, viele Prominente, darunter der Bundespräsident, der Bundeskanzler, der Schriftsteller Martin Walser und viele andere, freuen sich öffentlich, daß Günter Grass den Nobelpreis bekommen hat. Freuen Sie sich auch?

Reich-Ranicki: Ich habe die Nachricht, daß Grass den Literatur-Nobelpreis erhält, im Taxi vom Züricher Flughafen zum Hotel gehört, und habe zu meiner Frau, die neben mir saß, gesagt: Na also, endlich! Es ist gut so, daß er den Preis bekommen hat.

Spiegel: Das klingt fast wie ein Seufzer der Erleichterung.

Reich-Ranicki: Nach so vielen Jahren mußte endlich ein deutschsprachiger Schriftsteller wieder den Nobelpreis erhalten – Heinrich Böll bekam ihn 1972, Elias Canetti 1981, danach: Fehlanzeige.

Spiegel: Um der deutschsprachigen Literatur willen gönnen Sie Grass die Ehre, aber eigentlich, sein Werk ...

Reich-Ranicki: Nein, nein. Wenn Sie einen Augenblick überlegen, welche Möglichkeiten es jetzt, außer Grass, noch gab, dann fällt Ihnen ein Stein vom Herzen, daß gerade er ihn bekommen hat. Soll ich etwa Namen nennen?

Spiegel: Aber bitte!

Reich-Ranicki: Stellen Sie sich vor: Martin Walser wäre der Preis zugefallen, das wäre ein schwerer Schlag für mich. Oder gar dem dümmlichen Peter Handke! Eine Katastrophe. In Stockholm ist allerlei möglich. Grass – immerhin!

Spiegel: Was spricht gegen Walser?

Reich-Ranicki: Ich habe neulich das Wort von Außenminister Joseph Fischer gehört: »Ich habe nicht nur gelernt: Nie wieder Krieg! Ich habe auch gelernt: Nie wieder Auschwitz!« Das hat, glaube ich, Grass gelernt; Walser nicht unbedingt.

Spiegel: Grass hat 1990 »dem deutschen Verlangen nach Wiedervereinigung« den »Zivilisationsbruch Auschwitz« entgegengehalten und gesagt, er fürchte sich vor einem »geeinten« Deutschland, das wieder voll »handlungsfähig« werde. Stimmen Sie damit überein?

Reich-Ranicki: Ich halte diese Verbindung von Auschwitz-Gedanken und Bedenken gegen die Wiedervereinigung für absoluten Unsinn. Diese Äußerungen gehören zu den vielen politischen Dummheiten, die wir von Grass zu hören bekommen haben. Nur: Er hat den Preis nicht als Politiker erhalten, sondern als Sprachkünstler.

Spiegel: Aus Schweden hört man, mit der Preisvergabe an Grass werde auch dessen »unbeugsames politisches Engagement« gewürdigt. Preist die Stockholmer Akademie den Einheitsskeptiker Grass mit Absicht jetzt, wo Deutschland von Berlin aus regiert wird – etwa mit dem Hintergedanken: Nun sollen die Deutschen mal nicht übermütig werden?

Reich-Ranicki: Ich kann in das Herz der Juroren nicht schauen. Diese politischen Interpretationen der Nobelpreis-Entscheidungen waren auch in früheren Fällen meist spekulativ und übertrieben. Ich glaube, daß Grass den Preis vor allem als Erzähler verdient hat, und er hat ihn nur deshalb bekommen, weil Deutschland endlich wieder an der Reihe war und weil er einige schöne, sehr schöne erzählende Werke geschrieben hat.

Spiegel: Welche sind das?

Reich-Ranicki: Ich schätze ganz besonders die Novelle »Katz und Maus« und die Erzählung »Das Treffen in Telgte« – das sind zwei in sich vollkommene erzählende Arbeiten. Grass hat Glanzvolles in dem Roman »Die Blechtrommel« geschrieben, ich sage deutlich: in der »Blechtrommel«.

Spiegel: Nicht der Roman als ganzer?

Reich-Ranicki: Nein, nein. Vor allem der letzte Teil, der in Düsseldorf spielt, ist völlig mißraten, obwohl er eine geniale Episode enthält: die Szene im Zwiebelkeller. Als ganze sind auch die späteren Romane nicht gelungen, weder die »Hundejahre« noch »Die Rättin«, auch nicht »Der Butt«.

Spiegel: Läßt sich vereinfacht sagen, woran Ihrer Meinung nach all diese Romane gescheitert sind?

Reich-Ranicki: Das Hauptproblem für Grass ist wohl die Unmöglichkeit, eine Romanfabel zu finden, in der er ausdrücken könnte, was er über ein bestimmtes Thema zu sagen hat. In der »Blechtrommel« gibt es eine originelle Fabel – die Geschichte des Zwerges Oskar Matzerath, der

Glasscheiben in Stücke singt. Bis zu dem Augenblick, in dem der Zwerg plötzlich wächst und dann in Düsseldorf agiert – das sind dann große Dummheiten. Solange Oskar in Danzig lebt, ist es schon ein bedeutender Roman. Aber sonst? Die Gedanken, die Grass hatte, etwa zur Friedensbewegung, zur Rolle der Frau in Deutschland und Ähnliches, haben regelmäßig zu so fatalen Fabeln geführt wie der »Rättin« ...

Spiegel: ... einem tierischen Übermenschen, der die atomare Weltzerstörung überlebt hat ...

Reich-Ranicki: ... das ist doch ein großer Mumpitz. Wissen Sie, es ist sehr merkwürdig, aber man kann sagen: Grass ist als Romancier weltberühmt geworden, aber er ist überhaupt kein Romancier. Seine eigentlichen literarischen Leistungen sind Erzählungen, lange Erzählungen, keine Kurzgeschichten, die kann er auch nicht. Er ist, das ist vielleicht das Wichtigste, ein Poet – auch in den schwachen Romanen sind immer wieder große Passagen von enormer sprachlicher Kraft mit unvergeßlichen Bildern. Ich habe einmal gesagt: Die beiden größten lebenden Sprachkünstler im deutschen Raum sind Wolfgang Koeppen und Günter Grass. Grass war damals empört. Der Superlativ hat ihn beleidigt. Ich weiß nicht, warum. Wahrscheinlich wollte er hören: Der Größte ist Grass. Nun ist Koeppen längst tot. Und jetzt antworte ich auf die Frage nach dem wichtigsten lebenden Sprachkünstler in der deutschen Prosa: Mein lieber Günter Grass, Sie sind es, Sie sind doch der Größte!

Spiegel: Walser lebt auch noch.

Reich-Ranicki: Walser ist ein großes plauderndes Talent, Grass ist ein großes poetisches Talent. Das ist ein gewaltiger Unterschied. Grass' Bilder haben oft eine überraschende poetische Intensität, sie prägen sich ein. Walser schreibt sehr griffig und amüsant, aber nicht so anschaulich wie Grass. Nein, Grass allein ist von den lebenden Autoren hierzulande nobelpreiswürdig – leider.

SPIEGEL: Wieso »leider«?

Reich-Ranicki: Weil es schlecht für die Mitbewerber ist: Keiner von ihnen schreibt besser.

SPIEGEL: In Ihrem Buch »Die Anwälte der Literatur« rühmen Sie aber Walser. Er sei »vom Geschlecht jener, welche lieben, wenn sie schreiben«. Das gefiel Ihnen 1983 besser als das Credo von Grass, »alles Schöne« sei »schief«.

Reich-Ranicki: Ich stehe dazu. Nur: Das Wort über Walser bezieht sich bloß auf eins: auf seine Essays. Seine Essays über Hölderlin, Heine, Robert Walser und andere sind Liebeserklärungen an diese Schriftsteller. Das sind beachtliche Texte. Das gilt überhaupt nicht für seine Erzählungen. Diese Erzählungen, etwa die »Lügengeschichten«, sind völlig tote Prosa, das ist nichts Lebendiges.

SPIEGEL: Hat Grass den Nobelpreis auch für seine Lyrik verdient?

Reich-Ranicki: Unbedingt. Die wird immer wieder unterschätzt. Der Debütband »Die Vorzüge der Windhühner«, aber auch die spätere Sammlung »Ausgefragt«. Da gibt es vollkommen überraschende Bilder und Situationen. Etwa in dem Gedicht über Fritz Kortner mit dem Titel »König Lear« – ein Glanzstück. Ich mag auch das Liebesgedicht »März« aus »Ausgefragt«, das endet mit den Worten: »Komm. Zieh dich aus.« Schluß. Fabelhaft. Die Gedichte sind auch rhythmisch sehr stark.

SPIEGEL: Bedauern Sie den großen Verriß, den Sie 1995 über den Grass-Roman »Ein weites Feld« im »Spiegel« veröffentlicht haben? Es gab damals ja viel Streit.

Reich-Ranicki: Ich bedaure außerordentlich, daß dieser Verriß mit einem Titelbild verbunden wurde, auf dem ich ein Buch zerreiße. Die Kraft, die man braucht, um ein dickes, ordentlich gebundenes Buch in zwei Hälften zu reißen, die habe ich gar nicht. Von der Kritik selber bedaure ich nichts.

SPIEGEL: Das Titelbild war eine Fotomontage nach einem Werbebild des ZDF zum »Literarischen Quartett«.

Reich-Ranicki: Das gleiche Bild im ZDF und im »Spiegel« – aber nur im »Spiegel« hat es viele Tausende aufgeregt. Seid doch froh, daß ihr so eine Wirkung habt. Etliche Leute haben geglaubt, ich hätte das Buch wirklich zerfetzt, dabei war es nur eine Fotomontage. Diese Wirkung hat mich gestört, weniger das Bild selber.

SPIEGEL: Es nahm einen Buchtitel von Ihnen beim Wort: Lauter Verrisse.

Reich-Ranicki: Ich hätte diesen Titel nie wählen sollen. Das war ein Fehler. Darum habe ich später in gleicher Aufmachung, zum gleichen Preis Kritiken unter dem Titel »Lauter Lobreden« veröffentlicht. Aber jahrelang wurde nur »Lauter Verrisse« gekauft. Unter uns: Die Verrisse habe ich nachträglich seltener bedauert als die Lobreden. Die Verrisse stimmen leider meistens. Aber wenn man lobt, vor allem wenn man einen jungen Autor lobt und dann zusieht, was sich später, bei seinen nächsten Arbeiten, herausstellt … oh, là, là!

SPIEGEL: Wenn Sie heute auf »Ein weites Feld« zurückschauen: Was stört Sie nach wie vor am meisten?

Reich-Ranicki: Theodor Fontane läuft da als Bote durch die Treuhand-Flure. Sein Chef fährt auf diesen Rädern, was sind das noch, ja: auf diesen Rollschuhen herum – was soll der Blödsinn! Das Buch hat überhaupt eine törichte Konzeption, auch wenn dieser Roman, wie alle anderen Grass-Romane, einige schöne Episoden enthält.

SPIEGEL: Nach dem Erscheinen Ihrer Kritik hat Grass einer Illustrierten anvertraut: »Mit diesem Mann spreche ich nicht mehr.« Hat er seitdem mit Ihnen irgendwann ein Wort gewechselt?

Reich-Ranicki: Nein.

SPIEGEL: Wird es denn jetzt dazu kommen? Grass hat vergangenen Donnerstag überraschend versöhnliche Töne gegenüber seinen Kritikern angestimmt.

Reich-Ranicki: Meinen Sie, er wird mir dafür danken, daß ich in mehreren Interviews der vergangenen Jahre gesagt habe, wenn ein deutscher Schriftsteller den Nobel-preis verdient, dann Günter Grass? Nein, das wird er nicht tun. Wahrscheinlich wird es auch jetzt kein Gespräch zwischen uns geben.

SPIEGEL: Haben Sie ihm zum Nobelpreis gratuliert, etwa mit einem Telegramm?

Reich-Ranicki: Nein.

SPIEGEL: Werden Sie es noch tun?

Reich-Ranicki: Nein. Warum sollte ich? Er hat mir auch noch nie zu irgend etwas gratuliert. Es gratulieren ihm nun so viele Menschen, ich werde mich da nicht hinein-drängen.

SPIEGEL: In Ihren Memoiren »Mein Leben« tritt der junge Grass auf. Wie haben Sie ihn kennengelernt?

Reich-Ranicki: Das war in Warschau, im Frühjahr 1958.

Ich habe einen Nachmittag mit ihm verbracht, ich schrieb ja über deutsche Literatur, etwa über Martin Walser, Siegfried Lenz, Alfred Andersch, Wolfgang Koeppen, und da interessierte mich auch dieser junge deutsche Dichter. Er machte einen sonderbaren Eindruck, er hatte so einen merkwürdigen Blick. Später erfuhr ich, daß er unmittelbar vor unserem Treffen eine ganze Flasche Wodka getrunken hatte. Aber er ging aufrecht und stramm geradeaus. Er war schon ein derber Typ.

SPIEGEL: Grass hat 1982 über Sie gesagt: »Marcel Reich-Ranicki, den ich 1958 in Warschau kennenlernte, war, wann immer er über Literatur sprach, geprägt von den Normen des sozialistischen Realismus. Und diese Verengung der Literatur bestimmt ihn auch heute noch.« Erinnern Sie sich?

Reich-Ranicki: Natürlich, das hat er doch seitdem alljährlich fünfmal wiederholt. Immer wieder dasselbe. Die Wahrheit ist, daß ich ganz am Anfang meiner literarkritischen Tätigkeit in Polen – in »Mein Leben« kann man das nachlesen – in der Tat unter dem Einfluß des sozialistischen Realismus stand, ich kannte nichts anderes. Aber ungefähr 1954/55 habe ich mich davon befreit. Grass habe ich erst drei Jahre später getroffen. Wissen Sie, ich muß Grass dankbar sein: Er wehrt sich gegen negative Kritik, er betet sei Jahren dasselbe herunter, aber niemals, immerhin, gibt es bei ihm antisemitische Akzente.

SPIEGEL: Kann es wirklich zwischen Ihnen, dem bekanntesten deutschen Literaturkritiker, und Grass, dem nunmehr nobelpreisgekrönten, bekanntesten deutschen Erzähler, niemals einen Konsens darüber geben, was ein guter Roman ist?

Reich-Ranicki: Nein, ich glaube, das ist gar nicht möglich. Grass hat einen ganz anderen Geschmack als ich. Er konnte lange mit Thomas Mann nichts anfangen – erst als er den Thomas-Mann-Preis bekam, wurde das etwas anders. Er nennt als sein Vorbild Alfred Döblin. Aber er hat noch nie über ein Buch von Döblin etwas geschrieben – nur einmal einen Essay über Döblins »Wallenstein«-Roman, doch wenn man genau hinschaut, behandelt er da auch nur ein »Wallenstein«-Kapitel. Aber es ist ja nicht nötig, daß wir uns in literarkritischen Angelegenheiten einigen.

Spiegel: Der Satz von Grass »Alles Schöne ist schief« könnte ja auch so gemeint sein: Ein geschlossener Roman, der die Welt aus der Sicht eines Autoren-Ichs und anhand eines Helden schildert, muß heute an der Komplexität der Wirklichkeit scheitern, muß »schief« und fragmentarisch sein – wie ja auch Robert Musil an seinem Romanprojekt »Der Mann ohne Eigenschaften« gescheitert ist. Wäre damit ein scheiternder Romancier Grass nicht zu rechtfertigen – trotz Thomas Mann, dem, vielleicht nicht ganz so modernen, Gegenbeispiel?

Reich-Ranicki: Ach Gott, die Romane von Gabriel García Márquez, etwa »Hundert Jahre Einsamkeit«, sind nicht gescheitert und sind dennoch wunderbare Romane, geschrieben in diesem Jahrhundert und durchaus modern. Daß ein Roman in diesem Jahrhundert scheitern muß, um modern zu sein – das sagt man so hinterher. Natürlich ist Musil an der formalen Konstruktion des »Mannes ohne Eigenschaften« gescheitert, nicht an der Komplexität der Wirklichkeit.

Spiegel: Sie besitzen eine Zeichnung von Grass: Wie sind Sie daran geraten?

Reich-Ranicki: Ich habe einmal abends, während einer Tagung der Gruppe 47, beim Wein erzählt, wie ich, nach der Flucht aus dem Warschauer Ghetto, die Leute, die meine Frau und mich versteckt hatten, mit Geschichten aus der Weltliteratur unterhalten habe, nachts, als es keinen Strom gab. Grass fragte: Darf ich das verwenden? Ich sagte: Ja. Jahre später hat er das Motiv in »Aus dem Tagebuch einer Schnecke« aufgegriffen, sehr stark verändert – der Geschichtenerzähler wird bei ihm »Zweifel« genannt und spielt Marionettentheater –, für meinen Geschmack hat er es verschlechtert; als ich ihn dann wieder traf, sagte ich zu ihm, ob er mich nicht am Honorar beteiligen wolle. Grass wurde blaß. Ich schlug ihm vor, er solle mir eine Graphik schenken. Er war einverstanden, ich sollte nur ein Blatt auswählen. Ich entschied mich für eine Nonne. Das Bild zeigt eine Nonne und trägt die – doppelsinnige – Widmung: »Für meinen Freund (Zweifel) Marcel Reich-Ranicki«. Ein denkwürdiger Tag. Wir haben damals bei ihm auch einen Butt gegessen.

Spiegel: Wenn man diese Geschichten hört, wünscht man sich doch, daß Grass und Reich-Ranicki mal wieder zusammensitzen und einen Wein trinken.

Reich-Ranicki: Es kann doch, Herrgott noch mal, so bleiben, wie es ist. Wir müssen keinen persönlichen Kontakt zueinander haben. Sein Verhältnis zu mir hängt immer nur davon ab, wie ich sein letztes Buch beurteilt habe. Das ist das Übliche bei allen Autoren.

Spiegel: Trotzdem wünschen wir uns jetzt ein Gipfeltreffen zwischen Kritikerpapst und Nobelpreisträger.

Reich-Ranicki: Sagen Sie das dem Grass. Wer immer mit mir Frieden schließen wollte und will – ich habe noch nie die zur Versöhnung ausgestreckte Hand zurückgewiesen. Umgekehrt allerdings war es oft so.

SPIEGEL: Wenn Sie die Galerie der Literatur-Nobelpreisträger überblicken: Wurden da die jeweils bedeutendsten Autoren der verschiedenen Sprachen geehrt?

Reich-Ranicki: Nein und noch mal nein. In den meisten Fällen haben die jeweils zweitbesten Autoren den Nobelpreis erhalten, also nicht Marcel Proust, sondern Anatole France, nicht Henrik Ibsen, sondern Björnson, nicht Isaak Babel, sondern Iwan Bunin, nicht Strindberg, sondern Selma Lagerlöf, nicht Brecht, sondern Hesse.

SPIEGEL: Was passiert in einem Autor, den der Nobelpreis weltberühmt gemacht hat. Kann er danach noch so unbefangen schreiben wie vorher? Knallt er – mehr oder weniger – durch? Hat er Angst, der nächste Text werde ihn blamieren.

Reich-Ranicki: Ich glaube, die Wirkung ist meist anders. Nach der Nobelpreis-Ehrung schreiben die schwachen Schriftsteller, die den Preis natürlich zu Unrecht bekommen haben, noch schlechter als vorher. Aber die guten Schriftsteller schreiben eher besser, ihnen schadet die Bestätigung nicht.

SPIEGEL: Dann dürfen wir im Falle Grass jetzt hoffen?

Reich-Ranicki: Ja selbstverständlich. Da kann er über mich reden, was er will. Ich kann nur sagen: Der Kerl, der Grass wird uns alle noch überraschen mit irgend etwas Schönem. Vielleicht mit keinem Roman von 700 Seiten, vielleicht mit einer Erzählung von 25 Seiten. Das wissen wir ja nicht. Aber ich wünsche es ihm – und mir.

SPIEGEL: Und das wird dann auch im »Literarischen Quartett« gerühmt?

Reich-Ranicki: Was gut ist, wird im »Literarischen Quartett« gern und ausführlich gelobt.

Spiegel: Herr Reich-Ranicki, wir danken Ihnen für dieses Gespräch.

1999

Ein Schuft, wer das für Ironie hält

Weihnachten also. Gefeiert wird wie eh und je die Geburt des doch wohl berühmtesten Menschen der Welt, jenes Juden, der mit dem Wort des Alten Testaments »Du sollst deinen Nächsten lieben wie dich selbst« Ernst gemacht hat. Ganz glücklich bin ich übrigens mit diesem Wort nicht, mir hätte es besser gefallen, wenn es hieße: »Liebe deinen Nächsten, denn er ist wie du.«

Hm. Liebe ich Grass? Kritiker dürfen und müssen oft übertreiben, um überhaupt verstanden zu werden. Doch muß alles seine Grenzen haben: Ob ich Grass liebe, dessen bin ich mir gar nicht so sicher. Aber ich schätze und bewundere ihn. Ein Schuft, wer das für Ironie hält.

Heute will ich mich statt des Computers meiner Harfe bedienen. Ich schätze außerordentlich den Zeichner, den Graphiker, den Bildhauer Grass. Zugegeben, ich verstehe nicht viel von diesem Metier. Ich kann nur sagen: Was er da seit einem halben Jahrhundert produziert, gefällt mir sehr und beinahe immer. Im Grunde äußere ich mich über literarische Werke ähnlich, nur kann ich es auch noch begründen. Hier würde mir die Begründung nicht recht gelingen. Jedenfalls bin ich sicher, daß der Graphiker Grass ungerecht behandelt wird.

»Selbst mit Mütze und Unke«
Radierung und Kaltnadel von
Günter Grass (1992)

Die Kollegen von der Kunstkritik mögen ihn nicht – vielleicht meinen sie, einer, der als Schriftsteller so erfolgreich ist, müsse sich nicht auch noch auf ihrem Feld tummeln. Wie auch immer: Ich besitze vier Radierungen von ihm, allesamt hat er sie mir im Laufe der Jahre geschenkt und eine sogar mit einer witzigen Widmung versehen. Aber ganz besonders liebe ich dieses Autoporträt aus dem Jahre 1992.

Apropos: Angeblich gibt es im Werk des verehrten Künstlers Grass ein schönes Porträt unseres gemeinsamen Freundes Siegfried Lenz. Wenn Sie es mir zuschikken wollten (mit oder ohne Rechnung), verspreche ich Ihnen, bei passender Gelegenheit wieder Freundliches über Sie zu schreiben.

So biete ich Ihnen ganz schamlos und in aller Öffentlichkeit ein regelrechtes Gegengeschäft an – und fürchte mich überhaupt nicht. Denn zu allen Untugenden, Makeln und Lastern, die man uns, Ihnen und mir, vorgeworfen hat und immer wieder vorwirft, gehört die Bestechlichkeit nun doch nicht. Ich schätze, ich bewundere auch die Lyrik von Grass. Er hat ja nichts mit jenen gemein, die singen müssen, weil sie nicht denken können, die dichten wollen, weil ihnen das Schreiben große Schwierigkeiten bereitet. Er begibt sich nicht in den Schutz der Verse, er verbirgt sich nicht im Gedicht.

1967 schrieb ich nach seinem Lyrikband »Ausgefragt«, Grass sei nie kühner und natürlicher, aufrichtiger und freimütiger als in seiner Poesie. Während andere sich bemühen, ihre Blöße zu poetisieren, wage er es, sich in der Poesie bloßzustellen. Das gilt auch für die Sonette aus seiner 1993 erschienenen und von der Kritik nahezu ganz übersehenen kleinen Sammlung »Novemberland«.

So war es, so ist es: Seine epische Prosa hat einen unverkennbaren lyrischen Untergrund. Für seine Lyrik hingegen ist häufig etwas Prosaisches charakteristisch. Hier wird festgestellt und mitgeteilt, benannt und veranschaulicht.

Und wie ist es mit der epischen Prosa von Grass? Gern und oft denke ich an die Novelle »Katz und Maus«. Vierzig Jahre ist es her, seit ich sie in der »Zeit« gerühmt habe. Ich bewundere sie heute nicht weniger als damals – von den ersten Worten »... und einmal als Mahlke schon schwimmen konnte« bis zu dem fabelhaften, doppeldeutigen Schlußakkord: »Aber Du wolltest nicht auftauchen.« Ich liebe auch sehr die Erzählung »Das Treffen in Telgte« aus dem Jahre 1979. Diese grimmige Idylle von den verpaßten Chancen der deutschen Literatur wurde, glaube ich, unterschätzt und ist mittlerweile zu Unrecht beinahe vergessen. Ich halte sie nach wie vor für den kleinen Triumph einer großen Erzählkunst.

So, das wär's für dieses Mal. Halt! Dieser Autor hat doch auch Romane geschrieben, ein halbes Dutzend sogar. Ja, schon wahr, aber darüber ein andermal.

2001

Ein Buttessen mit Folgen

Die Geschichte dieses Bildes beginnt im Oktober 1958. Es waren nur wenige Wochen seit meiner Rückkehr nach Deutschland vergangen. Hans Werner Richter hatte den für mich guten und folgenreichen Einfall, mich zu einer Tagung der von ihm geleiteten Gruppe 47 einzuladen. Sie fand in Großholzleute im Allgäu statt.

Unter den Schriftstellern, die ihre neuesten Arbeiten vorstellten, war auch Günter Grass. Er las zwei Kapitel aus der noch im Entstehen begriffenen »Blechtrommel«. Mir haben die beiden Kapitel gefallen, sie haben mich nahezu begeistert. Ich schrieb das auch in einem Tagungsbericht, der wenig später in der Münchner Wochenzeitung »Die Kultur« gedruckt wurde.[1]

Am Abend saßen wir in Großholzleute beim Wein. Jemand bat mich, ein wenig über meine Erlebnisse in Warschau während der deutschen Besatzung zu erzählen. Daß dies eine ganz ungewöhnliche Bitte war, wußte ich damals noch nicht. Jedenfalls hat mich in den nächsten zehn, wenn nicht zwanzig Jahren niemand mehr nach meiner Zeit in Warschau befragt – aus welchen Gründen auch immer.

»Nonne mit Aal«
Radierung und Kaltnadel von
Günter Grass (1973)

Um nicht die Laune der Anwesenden zu verderben – schließlich waren alle, die da in Großholzleute am Tisch saßen, während des Krieges Soldaten gewesen, einige vermutlich auch in Polen –, wählte ich für diese abendliche Unterhaltung besonders harmlose Episoden: Ich berichtete, wie ich mich im Untergrund, also nach der Flucht aus dem Ghetto, in düsteren Stunden als Geschichtenerzähler betätigte. Ich versuchte jene, die ihr Leben riskierten, um das unsrige, meines und das meiner Frau, zu retten, bei Laune zu halten – eben mit Geschichten, deren Stoffe ich der Weltliteratur entnahm.

Hinterher wollte Grass wissen, ob ich das, was ich gerade zum besten gegeben hatte, zu schreiben gedenke. Da ich verneinte, bat er mich um die Erlaubnis, einige dieser Motive zu verwenden. Erst viele Jahre später, 1972, veröffentlichte er sein »Tagebuch einer Schnecke«, in dem ich meine Erlebnisse wiederfand – er hatte sie einem Lehrer mit dem Spitznamen »Zweifel« zugeschanzt.

Als wir uns wieder einmal trafen, sagte ich beiläufig, daß ich doch wohl an den Honoraren für das »Tagebuch einer Schnecke« beteiligt sein sollte. Grass erblaßte und zündete sich mit zitternder Hand eine Zigarette an. Um ihn zu beruhigen, machte ich ihm rasch einen Vorschlag: Ich sei bereit, auf alle Rechte ein für allemal zu verzichten, wenn er mir dafür eine seiner Graphiken schenke. Ihm fiel hörbar ein Stein vom Herzen: Er sei einverstanden, ich solle mir die Graphik selber aussuchen, er lade zu diesem Zweck meine Frau und mich in sein Haus in Wewelsfleth ein. Er werde uns eigenhändig ein Essen zubereiten.

Ich stimmte zu, wenngleich mich die Erinnerung an eine von Grass gekochte Suppe irritierte. Ich hatte sie im Sommer 1965 (der Anlaß war die Hochzeit des Berliner Germanisten Walter Höllerer) leichtsinnig zu mir genommen. Sie war abscheulich. Mir schwante abermals Schlimmes. Doch zum Beruf des Kritikers gehört nun einmal auch Mut.

Am 27. Mai 1973 machten wir uns auf den Weg nach Wewelsfleth in Schleswig-Holstein. Das war gar nicht so einfach, denn man mußte, um diese Ortschaft zu erreichen, einen Fluß überqueren, über den es keine Brücke gab. Wir hatten uns einem Fährmann anzuvertrauen. Schließlich kamen wir an, bald konnte ich mir eine Graphik aussuchen. Ich entschied mich für die »Nonne mit Aal«, was ich gleich bedauerte, weil ich mir dachte, ich hätte mir eines der mir angebotenen Autoporträts von Grass auswählen sollen. Aber es blieb bei der Nonne – und ein Selbstbildnis von Grass, ein besonders eindrucksvolles, nämlich das mit der Unke aus dem Jahr 1992, hat er mir später gleichfalls geschenkt.

Als ich ihn damals, 1973, artig um eine Widmung bat, überlegte er nur einen Augenblick und schrieb: »Für meinen Freund (Zweifel) Marcel Reich-Ranicki.« Immerhin: beinahe ein Wortspiel. Dann servierte er uns einen Fisch. Ich hasse und fürchte Gräten. Bis dahin wußte ich auch nicht, daß es Fische mit so vielen Gräten gibt – wobei ich nicht ausschließen kann, daß deren Zahl mit den Jahren noch gewachsen ist. Gleichviel, es war qualvoll, aber auch genußreich: Grass, schwach als Suppenkoch, kann mit Fischen wunderbar umgehen. Das Essen war gefährlich und schmackhaft zugleich – und es hatte weder für meine Frau noch für mich auch nur die geringsten negativen Folgen.

Indes: Folgen gab es schon, doch anderer Art. Was von dem Fisch übriggeblieben war, zumal die vielen Gräten, hat Grass am nächsten Tag gezeichnet – und sehr bald stand der Fisch im Mittelpunkt eines Grass-Romans. Denn es war ein Butt.

2002

Banal, populistisch und
immer oberflächlich

Dieses Bild aus dem Jahre 1993 habe ich, damals, 1993, von Günter Grass geschenkt bekommen. Seine Widmung lautete: »Das literarische Quartett«. Für Marcel Reich-Ranicki, verbunden mit der Frage: ›Wer ist wer?‹« Ich kann nicht ausschließen, daß es eine Sonderanfertigung für mich war. Ja, so herzlich waren in jener Zeit die Beziehungen zwischen uns, aber das sind ja leider, leider – wie der Berliner zu sagen pflegt – »vergangene Tempi passati«. Aber solange wir leben, ist, allen unerbittlichen Bekundungen des Grass zum Trotz, das letzte Wort nun doch noch nicht gesprochen.

Die erste Sendung des »Quartetts« wurde im März 1988 ausgestrahlt, die letzte auf Einladung des Bundespräsidenten Rau vom Schloß Bellevue im Dezember 2001. Insgesamt waren es siebenundsiebzig Sendungen, in denen über vierhundert Bücher besprochen wurden. Immer war Hellmuth Karasek dabei und – abgesehen von der letzten Zeit – Sigrid Löffler.

Das »Quartett« sollte vermitteln zwischen der Literatur und dem Leben, zwischen den Schriftstellern und den Lesern. Es wollte also das gleiche erreichen wie die gedruckte

»Das literarische Quartett«
Kaltnadel von Günter Grass (1993)

Kritik, aber doch mit anderen Mitteln. Denn es wendete sich, jedenfalls teilweise, an ein anderes Publikum.

Deutlichkeit hielt ich immer für das große Ziel der Kritik, und ich meinte, dies habe für das Fernsehen erst recht zu gelten. Also muß man hier besonders klar reden, besonders griffig und anschaulich formulieren. Überdies sollte es in den Gesprächen keinerlei Bild- oder Filmeinblendungen geben, es durfte auch nichts vorgelesen werden, Spickzettel waren verboten.

Waren es Unterhaltungssendungen über Literatur? In der Tat, wir wollten auch unterhalten – und folgten damit der Tradition der deutschen Literaturkritik von Lessing über Heine und Fontane bis zu Kerr und Polgar.

Wir haben nicht Bücher behandelt, weil sie im Gespräch waren. Aber wir sahen es gern, wenn die Bücher, die wir behandelten, ins Gespräch kamen. Wir folgten nicht den Bestsellerlisten, aber wir waren zufrieden, wenn die Bücher, die wir empfohlen hatten, auf den Bestsellerlisten landeten.

Zum Publikum des »Literarischen Quartetts« gehörten nicht nur die üblichen Leser von Kritiken, sondern auch viele Menschen, die im Grunde von der Literatur nichts wissen wollten. Bisweilen sahen sie uns dennoch zu, wohl deshalb, weil sie Spaß an unserem Gespräche hatten und vielleicht auch an unserem Streit. Manche dieser Zuschauer griffen, oft selber von ihrem plötzlichen Interesse überrascht, zu dem einen oder anderen der von uns besprochenen Bücher. Gerade an diesen Zuschauern war uns besonders gelegen.

Viel wurde dem »Quartett« vorgeworfen. Am häufigsten hörte man, die Sendung sei banal, populistisch und immer oberflächlich, nichts sei hier auf angemessene Weise begründet, hingegen alles vereinfacht. Derartige Vorwürfe waren allesamt berechtigt. Da stets innerhalb von fünfundsiebzig Minuten von fünf Büchern die Rede war, standen für jedes im Durchschnitt vierzehn bis fünfzehn Minuten zur Verfügung – und somit für jeden der vier Teilnehmer etwa dreieinhalb Minuten pro Titel.

In diesen kaum mehr als zweihundert Sekunden sollte etwas über die Eigenart des Autors gesagt werden, über das Thema und die Problematik seines neuen Buches, über dessen Motive und Personen, über die angewandten künstlerischen Mittel und mitunter auch über bestimmte aktuelle, zumal politische Aspekte. Gab es im »Quartett« ordentliche literarische Analysen? Nein, niemals. Wurde hier vereinfacht? Unentwegt. War das Ergebnis oberflächlich? Es war sogar sehr oberflächlich.

Wir konnten ja nur andeuten, welchen Eindruck die Bücher auf uns gemacht hatten, und nur kurz sagen, was an ihnen gut oder schlecht sei. Grass warf mir vor, wir hätten die Literaturkritik trivialisiert. Das ist keineswegs falsch. Wir haben die Kritik in hohem Maß popularisiert. Und leider läßt sich vieles nicht popularisieren, ohne es auch zu trivialisieren. Jedenfalls mußten wir auf unsere literaturkritischen Ambitionen nicht ganz, aber doch teilweise verzichten.

Hat sich das alles gelohnt? Immerhin gab es in der Geschichte des deutschen Fernsehens, wie immer wieder von Fernseh-Fachleuten gesagt wurde, noch keine Sendung, die auf den Verkauf von literarischen Werken, auch und vor allem anspruchsvollen, einen so unmittelbaren und so starken Einfluß gehabt hätte wie ebendieses »Quartett«.

Oft wurde es in den beinahe vierzehn Jahren seiner Existenz attackiert und beschimpft. Und jetzt? Im »Börsenblatt des deutschen Buchhandels«, im »Buchreport« und in anderen Blättern finde ich nicht selten Äußerungen über das »Quartett«, zumal von Verlegern und Buchhändlern, die ihm viele Tränen nachweinen. Nie ist das »Quartett« so freundlich und so dankbar behandelt worden wie jetzt, da immer wieder von der Lücke die Rede ist, die es hinterlassen hat und die bis heute nicht geschlossen wurde.

Ich verdanke diesem Abschnitt meines Lebens viele Erfahrungen. Aber wer meine berufliche Leistung lediglich auf Grund des »Literarischen Quartetts« beurteilen wollte, täte mir ein großes Unrecht an. Was ich zur Literatur zu sagen hatte und habe, ist nach wie vor in meinen Aufsätzen für Zeitungen und Zeitschriften zu finden und natürlich in meinen Büchern.

2003

Jenseits des Schreckens tanzende Paare

Wir sind mit ihm alt geworden, wir sind mit ihm jung geblieben. Er, Günter Grass, ist der Dichter unserer Generation, der in den zwanziger und dreißiger Jahren Geborenen. Und wenn nicht er, wer sonst? Ich weiß keinen einzigen Namen, der hier ernsthaft in Betracht kommen könnte.

Die Vokabel »Dichter« zielt letztlich auf alles ab, was im Werk von Grass außerordentlich ist, also auf das Poetische in seinen Romanen und Erzählungen und, das mag überraschen, bisweilen in seiner Essayistik. Das Außerordentliche und im tieferen Sinne auch das Dichterische – das trifft ebenso auf seine (von der Kunstkritik meist ignorierte) Graphik zu, auf seine Zeichnungen und Skulpturen. Denn was man »gattungsübergreifend« nennt, war für Grass immer schon selbstverständlich. Der Schriftsteller und der bildende Künstler, der Erzähler und, versteht sich, der Lyriker – sie profitieren unentwegt voneinander.

Müßig wäre es, die Gattungen innerhalb seines Werks gegeneinander auszuspielen. Gleichwohl wage ich die Behauptung oder zumindest die Vermutung, daß Grass, genauso wie die größten deutschen Dichter von Goethe über Heine bis Brecht, seinen persönlichsten, seinen intimsten und innigsten Ausdruck in der Lyrik findet. Man hat sie von Anfang an unterschätzt.

In seiner Jugend wird jeder Autor von Vorbildern und Leitfiguren angeregt, wenn nicht berückt und bestimmt. Daraus haben schlechte Philologen ein ganzes Forschungsgebiet gemacht, das in der Regel recht unergiebig ist. Man könnte es mit einem scheußlichen, doch vielleicht nützlichen Wort »Einflussologie« nennen. Dennoch will ich der Frage, unter welchen Vorzeichen die Lyrik des jungen Grass zunächst stand, nicht ausweichen.

Er selber hat ohne Nachdruck auf zwei oder drei Franzosen des zwanzigsten Jahrhunderts hingewiesen und beiläufig auf Ringelnatz. Aber die Gedichte von Grass sind doch von anderer Art, ich selber wäre wohl weder auf die Franzosen gekommen noch auf Ringelnatz.

Gewiß, es lassen sich in seinen frühen Versen gelegentlich expressionistische Nachklänge vernehmen. Aber auf welchen deutschen Dichter, der nach 1945 zu schreiben begann, trifft das nicht zu? Ob der Expressionismus ihnen mehr oder weniger gefiel, sie konnten sich ihm nicht entziehen, er hat sie alle geprägt. Nur ist die Lyrik von Grass ungleich nüchterner als die der Expressionisten. Das Zelebrierende ist ihm so fremd wie Aufschreie und Beschwörungen.

Sein poetischer Stil hat auch nichts mit Rilke, George oder Benn gemein. Und mit Brecht? Grass hat natürlich und gottlob hier und da von Brecht ein wenig gelernt. Natürlich? Ja, denn abermals muß man sagen: Wer von den deutschen Dichtern unserer Zeit ist Brecht nicht zu Dank verpflichtet?

Im Laufe von beinahe einem halben Jahrhundert (sein erster Gedichtband, »Die Vorzüge der Windhühner«, erschien 1956) hat Grass gute und herrliche, schwache und schlechte Gedichte geschrieben, doch keine – und das ist etwas Ungewöhnliches – epigonalen. Übrigens: Poeten, die, anders als Goethe oder Hölderlin, nie mißratene Gedichte verfaßten, schätze ich nicht, wenn es solche Poeten überhaupt gibt. Es kann sich immer nur um Autoren handeln, die das Risiko scheuen, die also, um es kurz und bündig zu sagen, keine Künstler sind.

So bleibt mir nichts anderes übrig, als zu kapitulieren und es bei einem respektvoll-bescheidenen Befund zu belassen: Grass ist wie Grass. Weder ist er der Tradition der volkstümlich-liedhaften noch der kritisch-reflektierenden oder der hymnisch-sakralen Poesie gefolgt. Er war waghalsig und hartnäckig genug, nur aus dem Eigenen zu schöpfen. Daran hat sich nichts geändert.

Damit mag es zu tun haben, daß ihm nie Prätentiöses oder Affektiertes unterläuft. Denn »Affektation entspringt nicht sowohl aus dem Bestreben, neu, als aus der Furcht, alt zu sein.«[1] Friedrich Schlegel hat dies um 1800 bemerkt. Grass hat, glaube ich, diese Furcht nie gekannt – weder der Erzähler noch der Lyriker oder der Dramatiker.

Seine Verse haben Leser gefunden, ohne je einem Leserbedürfnis entgegenzukommen. Alles Gefällige ist ihm zuwider, das Melodiöse wohl verdächtig. Einschmeichelndes wird man hier vergeblich suchen. Nicht die Melodie ist seine Sache, sondern der Rhythmus. Grass bevorzugt das Eckige, das trotzig Abgehackte. »Mein Versfuß gab sich hinkend, doch nicht lahm«, – heißt es in dem Autoporträt »Des Wiederholungstäters halbherziger

Bericht«, einem der Höhepunkte des neuen Gedichtbandes »Letzte Tänze«[2].

Sein vielzitiertes Wort »Alles Schöne ist schief« ließe sich ergänzen: Alles Wohlklingende ist ihm bedenklich, Grass hält es geradezu für überflüssig. Streng und spröde, herb und hart, karg und kahl ist diese Poesie und immer sachlich, sie ist trocken – und doch gefühlvoll. Er erkennt im Alltäglichen das Besondere, das Nichtalltägliche. Mehr noch: Er ist fasziniert vom Reiz und Charme des Prosaischen, er erhebt das Prosaische zum Poetischen. Das gilt für seine ganze Lyrik und erst recht für die »Letzten Tänze«.

Ein erstaunliches Alterswerk ist es (Grass wird im Oktober sechsundsiebzig Jahre alt), doch kraftvoll und nicht weniger jugendlich als sein damals, in den fünfziger Jahren kaum wahrgenommenes Debüt. Manches in den neuen Versen kommt uns bekannt vor – und das stört mich nicht. Denn im Grunde wiederholt er sich nicht, vielmehr bleibt er sich treu.

Die Gedichte und Graphiken in diesem neuen Band sollte man nicht voneinander trennen: Sie bilden eine Einheit. Nur hat Grass weder seine Verse illustriert noch seine Zeichnungen kommentiert. Sie ergänzen sich gegenseitig. Und das wiederum sollte man nicht auf eine pädagogische Intention zurückführen, wohl aber auf den einfachen Umstand, daß sie gemeinsame Wurzeln haben: Sie entstammen demselben Fundus der Bilder und Metaphern, der Impulse und Impressionen, kurz, derselben Weltsicht, derselben Phantasie.

Den Band eröffnet das Gedicht »Gottähnlich«. Nachdem Grass, berichtet er hier, »des Schiffes Untergang / und den nachhallenden Schrei / zum Buch verkürzt hatte«, also nach seiner Novelle »Im Krebsgang«, habe er etwas Heiteres zum Gegenstand seiner Laune machen wollen. So begann er, »Figuren, Mann und Frau in Bewegung – / als Hohlkörper zu formen: jenseits / des Schreckens tanzende Paare«. Darum geht es in diesem Buch: um den Schrecken unserer Epoche und um uns, die wir trotz allem leben. Wie jeder Lyriker mit sich selbst beschäftigt, war Grass immer schon programmatisch weltoffen – und er ist es geblieben.

Goethe schrieb in einem Brief von 1818: »Alles, was geschieht ist Symbol, und, indem es vollkommen sich selbst darstellt, deutet es auf das Übrige.«[3] Er brauche nur zum Fenster hinauszusehen, sagte er in einem Eckermann-Gespräch von 1827, »um in straßenkehrenden Besen und herumlaufenden Kindern die Symbole der sich ewig abnutzenden und immer sich verjüngenden Welt beständig vor Augen zu haben«[4]. Über das eigene Werk sprechend, definiert Goethe in beiden Äußerungen das Wesen und die Funktion der Symbolik.

Grass, wie eh und je in Details und Requisiten verliebt, ist, glücklicherweise, nie auf der Suche nach Symbolen. Ein Stiefel ist bei ihm ein Stiefel und eine Pfeife nichts anderes als eine Pfeife, zunächst jedenfalls. Aber an Sinnbildern fehlt es in seinen Versen nicht, nur kommen sie von selbst und deuten sogleich »auf das Übrige« – in den frühen genauso wie in den neuen. Er verfertigt auch keinen doppelten Boden. Den haben wir schon in diesen Versen, gewiß doch, aber er entsteht unwillkürlich und zwangsläufig. So werden sie uns von Grass geboten – »die Symbole der sich abnutzenden und immer sich verjüngenden Welt«.

Auch der Tanz ist in diesem Buch beides auf einmal: eine alltägliche Realität und doch das zentrale Symbol, immer wieder auftauchend und dennoch überhaupt nicht aufdringlich. Der Tanz, der steht erst einmal, über sich hinausweisend, für die Jugend. Die herrliche? Haben wir hier etwa wieder einmal die längst konventionellen Erinnerungen an die schönste Zeit des Lebens? Mitnichten.

Sentimental war Grass nie, mehr oder weniger anarchisch immer schon. Wo er seiner »durchtanzten Jugend« lapidar gedenkt, wird nichts beschönigt:

> Weil Krieg war und Männer
> in Stiefeln weit ostwärts
> so dass sich die Mädchen
> aus Mangel und Tanzlust
> uns Jungs von der Bank weg
> mit Fingerschnalz wegholten.

Weder den Triumph noch die Trauer besingt dieses Gedicht. Es endet mit einer kühlen Feststellung: »Hiess Ilse, war Tippse, / die richtigen Männer warn draussen im Krieg.« Die vom Krieg übriggeblieben waren, wollten sich auf den Tanzböden der Vorstadt »das Überleben und sonst noch paar Nummern beweisen«.

Letztlich signifiziert der Tanz in der Poesie von Grass alle seine Themen – und es sind die alten Themen der Dichtung: von der Einsamkeit und der großen Vergeblichkeit bis zur Liebe und zum Tod. »Zwei Körper, die eins sind, doch nichts / von sich wissen« heißt es im »Tango nocturno«, wir gleiten »dem Tod auf den Fersen, / uns selbst hinterdrein« im »Tango mortale«.

Für das Motiv der Vergänglichkeit findet Grass ein verblüffend einfaches, ein wunderbares Bild:

> Lass uns tanzen im Schnee, damit wir,
> solang er noch liegt, Spuren machen
> im knirschenden Weiss
> die bleiben, bleiben ...

In der Tat, sie werden schon bleiben – der Autor sagt es voraus –, nämlich bis es taut. Ein anderes Gedicht geht auf die Verse zu: »Jadoch, ich weiss: allenfalls / bleiben Scherben«.

Die Ironie ist es, die Grass vor jeglichem Pathos bewahrt, seine Sprache läßt Feierlichkeit niemals aufkommen, das Anarchische verhindert Rührseligkeit. Aber das Anarchische ist gezähmt, seine Vitalität, die nicht nachgelassen hat, ist diszipliniert. So fällt beim Vergleich mit den vorangegangenen Gedichtbänden auf, wie sparsam Grass, seine künstlerische Energie unter Kontrolle haltend, mit Worten umgeht – doch ohne durch die Verknappung die Verständlichkeit seiner Verse einzuschränken oder das Vielsagende, also ihren Beziehungsreichtum zu mindern.

Verwunderlich zunächst ein wortgewaltiger Wutausbruch »Als der Walzer in Mode kam«. Nichts gefällt dem Danziger Grass in Österreich: nicht der Walzer, der »zu beschwingt, zu rechtsrum, linksrum, zu selig und ohne Ecken«, nicht die Donau, die zu blau, nicht des »Himmels Hängeboden«, wo ihn gar zu viele Geigen stören. Er verhöhnt den »Wiener Schmäh im Dreivierteltakt« und »die Firma Strauß, den Opernball und weitere kostümbunte

Filme«. Nichts will er wissen von des Untergangs süßem Singsang. Und das fesche Madel, »Melencolia« genannt, verspottet er als »rundum überzuckert«. Man fragt sich: Ist das nicht zuviel des Aufwands? Nein, denn es geht natürlich nicht um Österreich, dieses steht für unser Europa, das ihn so bitter enttäuscht: »Nach soviel Walzer- und Waffenexport / schaust du tränenblind zu.«

Doch nirgends kommt die lyrische Substanz, die poetische Kraft des Günter Grass so stark und ergreifend zum Vorschein wie in seinen erotischen Gedichten, jenen zumal, die vom Alltag der Liebe sprechen. Es sind Verse voll Glück, voll Leid und Mitleid, doch ohne Selbstmitleid, voll Zucht und auch Nachdenklichkeit. Sie machen spürbar und erkennbar: den Rausch und die Abgeklärtheit, die Seligkeit und, zwischen den Zeilen, die Abschiedsstimmung.

Knapp und kurz ist die Rede von dem, was sich sehen, hören und schmecken, was sich anfassen läßt. Es ist also wieder sinnliche und sinnenhafte Poesie, geschrieben von einem, der nicht auf den Gedanken kommt, er könnte sich bloßstellen.

Das alles, ließe sich vielleicht einwenden, hatten wir schon in der früheren Lyrik von Grass, zumal in dem wichtigen Band »Ausgefragt« von 1967. So ist es. Und doch finden wir in den »Letzten Tänzen« eine andere Dichtung, eine andere Etappe des poetischen Werks, das mit den »Windhühnern« begann.

Nach wie vor ist Grass, jetzt »der Tänzer, der rasch atemlos«, selbstbewußt. Aber er ist mittlerweile, glaube ich, zu reif und zu alt, um hochmütig zu sein. Nicht ohne stillen (und berechtigten) Stolz bekennt er: »Von allen

Freuden war mir eine ganz besonders lieb: den Stein zu
wälzen streng nach Sisyphos-Prinzip.«

So ist der Ton – wie könnte es anders sein? – oft ele-
gisch. Tanz und Tod stehen hier nahe beieinander:

> Schon räumen die Kellner ab. Wir ahnen,
>   dass demnächst,
> wenn nicht sogleich, Schluss ist, hoffen aber
> auf Zugaben bis zuletzt.

Es sind sanfte und doch männliche Verse. Sie haben viel
der Umgangssprache zu verdanken. So endet der »Schlei-
ertanz«: »Und ich – an Striptease gewöhnt – / schaue dir zu,
ungeduldig, / ein wenig genervt.«

In dem Gedicht »Nach Mitternacht« lassen sich die beiden, gleich nach den Spätnachrichten, vom Küchenradio
führen:

> Ein Slowfox, altmodisch, fügt zusammen,
> was tagsüber zerstreut seinen Lauf nahm.
> Liebste, nur wenige Takte,
> bevor du mich und dich –
> wie immer um diese Zeit –
> mit Tabletten versorgst: einzelne
> und gezählte.

»Schamlos« ist ein prägnantes Gedicht betitelt, das daran
erinnert, wie klein der Schritt ist oder sein kann, der vom
Orgasmus zur Meditation führt, vom Animalischen (»wie
Tiere / leckten wir uns«) zum Intellektuellen (»das Unbe-
greifliche / der letzten Beethoven-Quartette«). Manche

Verse in diesem Band sind tatsächlich schamlos, doch frei vom Exhibitionistischen, und sie geraten niemals auch nur in die Nähe des Obszönen.

»Komm, tanz mit mir, solange ich noch bei Puste« beginnt ein Gedicht, das beweist, daß Grass, wenn er dazu Lust hat, die traditionelle gereimte Strophe virtuos handhaben kann. Es ist, wenn man mir die Eigenschaftsworte verzeiht, ein zartes und rührendes Gedicht. Die erste Strophe endet: »Drum bitt ich dich um eine Pause Toleranz, / bis ich gelenkig bin zum nächsten Tanz.« Und die letzte: »Komm tanz, lieg bei, sieh zu und staune, / was mir noch möglich ist bei Gunst und Laune.«

Vielleicht ist das schönste Gedicht des Bandes eines, das ohne Menschen auskommt und bloß von zwei Buchen erzählt:

Die Stämme glatt und nah bei nah,
dass grad ein Luftzug
die Haut noch streichelt.
Erst im Geäst sind sie behende,
nackt winterlich verzweigt
vor leergeräumtem Himmel.

Die letzte Zeile lautet: »Zwei Buchen tanzen auf der Stelle.« Dieses Gedicht, »Zum Paar gefügt«, beschert uns eine Erschütterung der reinsten Art. Es wird uns, vermute ich, überleben.

Ich weiß schon, ich habe hier etwas reichlich zitiert, aber man sollte es nicht belächeln. Denn – so ein anderer Nobelpreisträger aus Lübeck – »auch das Zitieren ist eine Form der Dankbarkeit«[5].

2003

Nachweise und Anmerkungen

Auf gut Glück getrommelt

Zuerst in der *Zeit* vom 1. Januar 1960.

1 Günter Grass: *Die Blechtrommel*. Roman, Hermann Luchterhand Verlag, Neuwied am Rhein 1959.

2 Die Äußerung stammt aus Sartres Essay *Was ist Literatur?* und wird hier in der 1950 im Rowohlt Verlag, Reinbek bei Hamburg, erschienenen Übersetzung von Hanns Georg Brenner zitiert. In der neuen Übersetzung von Traugott König lautet diese Passage: »Der engagierte Schriftsteller ... weiß, daß die Wörter, wie Brice Parain sagt, ›geladene Pistolen‹ sind. Wenn er spricht, schießt er. Er kann schweigen, aber da er beschlossen hat zu schießen, muß das wie bei einem Mann geschehen, der Ziele anpeilt, und nicht zufällig wie bei einem Kind, das die Augen zumacht und nur Spaß am Knall hat«. (Jean-Paul Sartre: *Gesammelte Werke in Einzelausgaben*. Schriften zur Literatur. Band 3: *Was ist Literatur?* Herausgegeben, neu übersetzt und mit einem Nachwort von Traugott König, Rowohlt Taschenbuch Verlag, Reinbek bei Hamburg 1982, S. 27.)

Selbstkritik des »Blechtrommel«-Kritikers

Zuerst im Westdeutschen Rundfunk, Köln, 22. Mai 1963. Der Beitrag wurde für die vom Westdeutschen Rundfunk veranstaltete Reihe »Selbstkritik der Kritiker« geschrieben. Nachdruck in: *Die Blechtrommel – Attraktion und Ärgernis. Ein Kapitel deutscher Literaturkritik.*

Herausgegeben von Franz Josef Görtz, Sammlung Luchterhand, Frankfurt 1984, S. 151–157.

1 Der Essay »Goethe als Kritiker« von Ernst Robert Curtius ist zu finden in: ders.: *Kritische Essays zur europäischen Literatur.* Fischer Taschenbuch, Frankfurt am Main 1984, S. 28–58.

Unser grimmiger Idylliker

Zuerst in: Marcel Reich-Ranicki: *Deutsche Literatur in West und Ost.* Prosa seit 1945. Piper Verlag, München 1963, S. 216–230.

1 In der *Süddeutschen Zeitung* vom 31. Oktober 1959.

2 Günter Grass: *Katz und Maus.* Novelle, Hermann Luchterhand Verlag, Neuwied am Rhein 1961.

3 Hans Magnus Enzensberger: *Einzelheiten.* Suhrkamp Verlag, Frankfurt am Main 1962, S. 230.

4 Nur als Beispiel eines gänzlichen Mißverständnisses sei die Ansicht des Ostberliner Kritikers Hermann Kant zitiert, der glaubte, die Gestalt des Juden Fajngold als Symptom des Antisemitismus in der Bundesrepublik deuten zu können (*Neue Deutsche Literatur.* Heft 5, 1960, S. 154).

5 Enzensberger, *Einzelheiten.* S. 224.

Bilderbogen mit Marionetten und Vogelscheuchen

Zuerst in: Marcel Reich-Ranicki: *Literatur der kleinen Schritte.* Deutsche Schriftsteller heute. Piper Verlag, München 1967, S. 22–33.

1 Günter Grass: *Hundejahre.* Roman, Hermann Luchterhand Verlag, Neuwied am Rhein 1963.

2 Kurt Lothar Tank: *Günter Grass.* Colloquium Verlag, Berlin 1965, S. 80.

3 Walter Jens' Analyse der *Hundejahre* erschien in der *Zeit* vom 6. September 1963.

4 Günter Grass' »Rede von der Gewöhnung« war in der *Frankfurter Allgemeinen Zeitung* vom 20. März 1967 abgedruckt.

5 Rudolf Hartungs Kritik findet sich in der *Neuen Rundschau.* Heft 4, 1963, S. 654.

Ein deutsches Trauerspiel über ein deutsches Trauerspiel

Zuerst in der *Zeit* vom 21. Januar 1966.

1 Günter Grass: *Die Plebejer proben den Aufstand* – Ein deutsches Trauerspiel. Hermann Luchterhand Verlag, Neuwied am Rhein 1966.

2 Alfred Kerr: *Die Welt im Drama.* Herausgegeben von Gerhard F. Hering, Kiepenheuer & Witsch, Köln/Berlin, 2. Auflage 1964, S. 207.

Poesie im Tageslicht

Zuerst in der *Zeit* vom 19. Mai 1967.

1 Günter Grass: *Ausgefragt.* Gedichte und Zeichnungen. Hermann Luchterhand Verlag, Neuwied am Rhein 1967.

2 Die angeführte Äußerung von Grass findet sich in: *Lyrik unserer Zeit.* Gedichte, Daten und Hinweise. Gesammelt und herausgegeben von Horst Wolff, Dortmund 1958. Zitiert nach: *Doppelinterpretationen. Das zeitgenössische deutsche Gedicht zwischen Autor und Leser.* Herausgegeben und eingeleitet von Hilde Domin, S. Fischer Verlag, Frankfurt am Main, 2. Auflage 1966, S. 277.

Eine Müdeheldensoße

Zuerst in der *Zeit* vom 29. August 1969.

1 Günter Grass: *Örtlich betäubt.* Roman, Hermann Luchterhand Verlag, Neuwied am Rhein 1969.

2 Döblins programmatische Äußerungen »An Romanautoren und ihre Kritiker« erschienen zuerst in *Der Sturm.* Nr. 158/159, Mai 1913, und sind hier zitiert nach: Alfred Döblin: *Aufsätze zur Literatur.* Ausgewählte Werke in Einzelbänden. In Verbindung mit den Söhnen des Dichters herausgegeben von Walter Muschg, Walter-Verlag, Olten und Freiburg im Breisgau 1965, S. 15 f. Grass beruft sich auf diese Äußerungen in seiner 1967 gehaltenen Rede zum zehnten Todestag Döblins, erschienen in: Günter Grass:

Über meinen Lehrer Döblin und andere Vorträge. Literarisches Colloquium Berlin, 1968, S. 11.

3 Arno Schmidts Aufsätze »Berechnungen I« und »Berechnungen II« finden sich in: ders.: *Rosen & Porree.* Stahlberg Verlag, Karlsruhe 1959, S. 283f.

Von im un synen Fruen

Zuerst in der *Frankfurter Allgemeinen Zeitung* vom 15. August 1977.

1 Günter Grass: *Der Butt.* Roman, Hermann Luchterhand Verlag, Neuwied am Rhein 1977.

Gruppe 1647

Zuerst in der *Frankfurter Allgemeinen Zeitung* vom 31. März 1979.

1 Günter Grass: *Das Treffen in Telgte.* Eine Erzählung. Hermann Luchterhand Verlag, Neuwied am Rhein 1979.

2 Marcel Reich-Ranickis Artikel »Eine kleine Unsterblichkeit« erschien in der *Frankfurter Allgemeinen Zeitung* vom 11. November 1978 und ist zu finden in: *Hans Werner Richter und die Gruppe 47.* Herausgegeben von Hans A. Neunzig, Nymphenburger Verlagshandlung, München 1979.

Ein katastrophales Buch

Zuerst in der *Frankfurter Allgemeinen Zeitung* vom 10. Mai 1986.

1 Günter Grass: *Die Rättin.* Roman, Hermann Luchterhand Verlag, Neuwied am Rhein 1986.

War Grass ein bulgarischer Spion?

Zuerst im *Spiegel* vom 9. April 1990.

1 In meinem Bericht von der Tagung der Gruppe 47 in Großholz-
leute, erschienen unter dem Titel »Eine Diktatur, die wir befür-
worten. Über die ›Gruppe 47‹ und ihre ›Tagungen‹« in der *Kultur*
vom 15. November 1958 (Nachdruck in *Die Gruppe 47* – Bericht
– Kritik – Polemik. Ein Handbuch. Herausgegeben von Reinhard
Lettau, Hermann Luchterhand Verlag, Neuwied am Rhein 1967),
findet sich meine erste gedruckte Äußerung über Günter Grass:
»Die Wahl war geheim und sehr demokratisch. Dreiviertel der
Stimmen bekam der junge Günter Grass. Die Leute von der
Gruppe 47 sind doch mutig: Sie scheuen sich nicht, einem noch
unvollendeten riesigen Roman, aus dem man nur zwei Kapitel
gehört hat, den Preis zu geben. Aber die beiden Kapitel hatten es
in sich. Grass schreibt eine unkonventionelle, kräftige, ja sogar
wilde Prosa, deren Rhythmus schon jetzt unverwechselbar ist.
Er kann beobachten und schildern, seine Dialoge sind vorzüglich, sein Humor ist grimmig und originell, und er hat viel zu
sagen. Seine Prosa reißt manchmal hin und provoziert manchmal
Widerspruch. Aber man kann ihr gegenüber nie gleichgültig sein.
Sie stammt aus der Feder eines echten Talents.«

Der Einfaltspinsel in der Rumpelkammer

Zuerst unter dem Titel »Wie konnte das passieren?« im *Spiegel* vom
4. Mai 1992.

1 Franz Kafka: *Hochzeitsvorbereitungen auf dem Lande und andere
Prosa aus dem Nachlaß*. Gesammelte Werke. Herausgegeben von
Max Brod, S. Fischer Verlag, Frankfurt am Main 1953, S. 54.

2 Vgl. *Hundejahre*. Roman. In: Günter Grass: *Werkausgabe in zehn
Bänden*, Hermann Luchterhand Verlag, Neuwied am Rhein 1987,
Band III, herausgegeben von Volker Neuhaus, S. 519, und »Man-
che Freundschaft zerbrach am Ruhm«. Gespräch mit Günter
Grass. In: Günter Grass: *Werkausgabe in zehn Bänden*, Band X,
herausgegeben von Klaus Stallbaum, S. 26.

3 Günter Grass: *Unkenrufe*. Eine Erzählung. Steidl Verlag, Göttingen 1992.

Der gute Grass und die böse Kritik.
Polemik aus gegebenem Anlaß

Zuerst (etwas gekürzt) in der *Frankfurter Allgemeinen Zeitung* vom
13. Mai 1994.

1 *Neue Zürcher Zeitung* vom 9. Mai 1994.

2 Arthur Schnitzler/Olga Waissnix: *Liebe, die starb vor der Zeit.*
   Ein Briefwechsel. Mit einem Vorwort von Hans Weigel, heraus-
   gegeben von Therese Nickl und Heinrich Schnitzler, Verlag Fritz
   Molden, Wien 1970, S. 161.

... und es muß gesagt werden
Ein Brief von Marcel Reich-Ranicki an Günter Grass
zu dessen Roman »Ein weites Feld«

Zuerst im *Spiegel* vom 21. August 1995.

1 Theodor Fontane: *Sämtliche Werke.* Herausgegeben von Walter
   Keitel, Carl Hanser Verlag, München 1969ff., Abt. III, Band II,
   S. 875.

2 Günter Grass: *Ein weites Feld.* Roman, Steidl Verlag, Göttingen
   1995.

3 Friedrich Schiller: *Werke und Briefe in zwölf Bänden.* Band 8:
   Theoretische Schriften. Herausgegeben von Rolf-Peter Janz, Deutscher Klassiker Verlag, Frankfurt am Main 1991, S. 985.

»Ich bedaure nichts«
Marcel Reich-Ranicki über sein schwieriges Verhältnis
zum Nobelpreisträger Günter Grass

Zuerst im *Spiegel* vom 4. Oktober 1999. Das Gespräch führte Mathias
Schreiber.

Ein Schuft, wer das für Ironie hält

Zuerst in der *Frankfurter Allgemeinen Sonntagszeitung* vom 23. Dezember 2001, dann in *Meine Bilder. Porträts und Aufsätze*, Deutsche Verlags-Anstalt, München 2003.

Ein Buttessen mit Folgen

Zuerst in der *Frankfurter Allgemeinen Sonntagszeitung* vom 10. November 2002, dann in *Meine Bilder. Porträts und Aufsätze*, Deutsche Verlags-Anstalt, München 2003.
Vgl. oben Anmerkung 1 zu »War Grass ein bulgarischer Spion?«, S. 192.

Banal, populistisch und immer oberflächlich

Zuerst in der *Frankfurter Allgemeinen Sonntagszeitung* vom 12. Januar 2003.
1 Gemeint ist das Bild »Das Literarische Quartett« von Günter Grass, erschienen auch in *Meine Bilder. Porträts und Aufsätze*, Deutsche Verlags-Anstalt, München 2003.

Jenseits des Schreckens tanzender Paare

Zuerst in der *Frankfurter Allgemeinen Zeitung* vom 30. August 2003.
1 *Kritische Friedrich-Schlegel-Ausgabe.* Herausgegeben von Ernst Behler, Verlag Ferdinand Schöningh, Paderborn/München/Wien 1958 ff., Band II, S. 159.
2 Günter Grass: *Letzte Tänze.* Steidl Verlag, Göttingen 2003.
3 Johann Wolfgang Goethe: *Gedenkausgabe der Werke, Briefe und Gespräche.* Herausgegeben von Ernst Butler, 3. Auflage, Artemis Verlag, Zürich 1976 ff., Band XXI, S. 286.
4 Johann Wolfgang Goethe: *Gedenkausgabe der Werke, Briefe und Gespräche.* Band XXIV, S. 210.

5 Thomas Mann: *Gesammelte Werke in dreizehn Bänden.* S. Fischer Verlag, Frankfurt am Main 1974, Band XIII: *Nachträge,* S. 123.

Zeittafel zu Günter Grass

1927   Geburt am 16. Oktober im Danziger Vorort Langfuhr.
         Die Eltern führen eine Kolonialwarenhandlung.

1937   Eintritt ins Gymnasium Conradinum

1944/45 Luftwaffenhelfer, Arbeitsdienst, Kriegsdienst als
         Panzerschütze. Mit leichter Verwundung in amerika-
         nische Kriegsgefangenschaft

1947   Nach Arbeit bei Bauern an verschiedenen Orten und
         in einem Kalibergwerk. Beginn einer Steinmetzlehre
         in Düsseldorf

1948–52 Studium der Bildhauerei und Graphik bei Sepp Mages
         und Otto Pankok an der Kunstakademie Düsseldorf.
         Reisen nach Italien und Frankreich

1953   Übersiedlung nach Berlin. Studium an der Hoch-
         schule für Bildende Künste als Schüler Karl Hartungs

1954   Eheschließung mit der Schweizer Ballettstudentin
         Anna Schwarz

1955   Teilnahme an einem Lyrikwettbewerb des Süddeut-
         schen Rundfunks, dritter Preis. Erste Lesung in der
         Gruppe 47, erste Veröffentlichung in *Akzente*

1956   *Die Vorzüge der Windhühner* – Gedichte, Prosa, Zeich-
         nungen. Übersiedlung nach Paris

1957   *Hochwasser* – Ein Stück in zwei Akten, das in Frank-
         furt uraufgeführt wurde. Geburt der Zwillinge Franz
         und Raoul

1958	Im Frühjahr Reise nach Polen. Förderpreis des Kulturkreises im BDI. Nach Lesung zweier Kapitel aus der *Blechtrommel* Preis der Gruppe 47 bei Tagung in Großholzleute (Allgäu). *Onkel, Onkel* – Ein Spiel in vier Akten, in Köln uraufgeführt
1959	*Die Blechtrommel* – Roman. Verweigerung des von der Jury zuerkannten Bremer Literaturpreises durch den Senat der Stadt
1960	Rückkehr von Paris nach Westberlin. *Gleisdreieck* – Gedichte und Zeichnungen
1961	*Katz und Maus* – Eine Novelle. *Die bösen Köche* – Ein Drama in fünf Akten, in Berlin uraufgeführt. Geburt der Tochter Laura. Begegnung mit Willy Brandt und Beginn des Engagements für die SPD
1963	*Hundejahre* – Roman. Damit Abschluß der Danziger Trilogie, die außerdem *Die Blechtrommel* und *Katz und Maus* umfaßt. Berufung an die Berliner Akademie der Künste
1965	Erste große Wahlkampfreise für die SPD. Georg-Büchner-Preis. »Rede über das Selbstverständliche«, anläßlich der Verleihung des Büchner-Preises. Geburt des Sohnes Bruno
1966	*Die Plebejer proben den Aufstand* – Ein deutsches Trauerspiel, in Berlin uraufgeführt. Reisen in die USA, die ČSSR und nach Ungarn
1967	*Ausgefragt* – Gedichte und Zeichnungen. Wahlkampf in Schleswig-Holstein und Berlin. *Über meinen Lehrer Döblin*
1968	*Über das Selbstverständliche* – Reden, Aufsätze, Offene Briefe, Kommentare. Theodor-Fontane-Preis
1969	*Davor*, in Berlin uraufgeführt. *Örtlich betäubt* – Roman. Gründung der Sozialdemokratischen Wählerinitiative. Bundestagswahlkampf für die SPD
1971	*Gesammelte Gedichte*

1972	*Aus dem Tagebuch einer Schnecke.* Teilnahme am Bundestagswahlkampf
1974	*Der Bürger und seine Stimme* – Reden, Aufsätze, Kommentare. Geburt der Tochter Helene
1975	Reise nach Indien
1976	Ehrendoktortitel der Harvard University. Mit Heinrich Böll und Carola Stern Gründung der Zeitschrift *L '76*
1977	*Der Butt* – Roman. Premio Internazionale Mondello, Palermo
1978	*Denkzettel* – Politische Reden und Aufsätze 1965–1976. Stiftung des Alfred-Döblin-Preises. Premio Letterario Viareggio. Asienreise
1979	*Das Treffen in Telgte* – Eine Erzählung. Eheschließung mit der Organistin Ute Grunert. Asienreise. *Die Blechtrommel* wird von Volker Schlöndorff verfilmt.
1980	*Aufsätze zur Literatur. Kopfgeburten oder Die Deutschen sterben aus*
1982	Feltrinelli-Preis, Rom. *Zeichnen und Schreiben I* – Zeichnungen und Texte 1954–1977. Eintritt in die SPD
1983	*Ach Butt, dein Märchen geht böse aus* – Gedichte und Radierungen
1983–86	Präsident der Berliner Akademie der Künste
1984	*Widerstand lernen* – Politische Gegenreden 1980–1983. *Zeichnen und Schreiben II* – Radierungen und Texte 1972–1982
1986	*Die Rättin* – Roman. *In Kupfer, auf Stein* – Werkverzeichnis der Radierungen und Lithographien. Aufenthalt in Kalkutta
1987	*Werkausgabe in zehn Bänden*
1988	*Zunge zeigen*
1989	*Skizzenbuch*
1990	*Schreiben nach Auschwitz* – Frankfurter Poetik-Vorlesung. *Totes Holz* – Ein Nachruf. *Deutscher Lastenaus-*

gleich: Wider das dumpfe Einheitsgebot – Reden und Gespräche

1991 *Gegen die verstreichende Zeit* – Aufsätze und Reden 1989–1991. *Vier Jahrzehnte* – Ein Werkstattbericht

1992 *Unkenrufe* – Eine Erzählung. *Rede vom Verlust* – Über den Niedergang der politischen Kultur im geeinten Deutschland. Gründung der Daniel-Chodowiecki-Stiftung. Premio Grinzane Cavour

1993 *Novemberland* – 13 Sonette. Premio Hidalgo in Madrid. Ernennung zum Ehrenbürger der Stadt Gdańsk/Danzig. Aus Protest gegen die Asylrechtsänderung tritt Grass aus der SPD aus.

1994 Karel-Čapek-Preis (mit Philip Roth) in Prag. Großer Literaturpreis der Bayerischen Akademie der Schönen Künste

1995 *Ein weites Feld* – Roman. Das Buch wird in der Öffentlichkeit stark diskutiert, was unter anderem dazu führt, das bereits nach acht Wochen die fünfte Auflage in Druck geht. *Gestern, vor 50 Jahren. Ein deutsch-japanischer Briefwechsel,* mit Kenzaburō Ōe. Umzug nach Lübeck

1996 Sonning-Preis in Kopenhagen. Thomas-Mann-Preis der Hansestadt Lübeck

1997 »Rede über den Standort«, im Rahmen der Reihe »Zur Sache: Deutschland«. *Werkausgabe in sechzehn Bänden. Fundsachen für Nichtleser* – Gedichte und Aquarelle. Grass ist zusammen mit Egon Bahr Initiator des »Willy-Brandt-Kreises«. Gründung der Stiftung zugunsten des Romavolkes

1998 Grass, der 1989 aus der Berliner Akademie der Künste ausgetreten war, wird auf der Frühjahrsversammlung der Akademie wieder zugewählt.

1999 *Vom Abenteuer der Aufklärung* – Werkstattgespräche, mit Harro Zimmermann. *Auf einem anderen Blatt* –

Zeichnungen. *Mein Jahrhundert* – 100 Geschichten. *Für- und Widerworte* – Reden. Prinz-von-Asturien-Preis. Günter Grass wird in Stockholm mit dem Literatur-Nobelpreis für sein Lebenswerk ausgezeichnet.

2000   *Ohne Stimme* – Reden zugunsten des Volkes der Roma und Sinti. Gründung der Wolfgang-Koeppen-Stiftung gemeinsam mit Peter Rühmkorf

2001   *Mit Wasserfarben* – Aquarelle

2002   *Im Krebsgang* – Eine Novelle. *Gebrannte Erde* – Skulpturen. *In einem reichen Land,* herausgegeben gemeinsam mit Daniela Dahn und Johano Strasser. Eröffnung des Günter-Grass-Hauses in Lübeck

2003   Günter Grass/Helen Wolff, *Briefe 1959–1994. Die Plebejer proben den Aufstand,* Neuausgabe zum 50. Jahrestag des 17. Juni. *Letzte Tänze* – Gedichte und Bilder

2004   Der Schatten. *Hans Christian Andersens Märchen* – gesehen von Günter Grass. – Günter Grass. *Fünf Jahrzehnte. Ein Werkstattbericht. – Lyrische Beute.* Gedichte und Zeichnungen aus fünfzig Jahren.

Zeittafel zu Marcel Reich-Ranicki

1920   In Włocławek an der Weichsel (Polen) als Marcel
        Reich geboren (2. Juni) – als drittes Kind von David
        Reich, einem polnischen Juden, und von Helene Reich,
        geborene Auerbach, einer deutschen Jüdin. Die Eltern
        werden 1942 im Vernichtungslager Treblinka ermor-
        det, der Bruder Alexander Herbert, Jahrgang 1911,
        1943 im Zwangsarbeitslager Trawniki. Die Schwester
        Gerda, Jahrgang 1907, überlebt in England, wohin sie
        zusammen mit ihrem Mann (wenige Wochen vor Aus-
        bruch des Zweiten Weltkrieges) aus Berlin geflohen
        war.

1927   Besuch der deutschsprachigen Volksschule in
        Włocławek.

1929   Übersiedlung nach Berlin. Besuch der Volksschule in
        Berlin-Charlottenburg, Witzlebenstraße.

1930   Werner-von-Siemens-Gymnasium, Berlin-Schöneberg.

1934   Mitgliedschaft im Jüdischen Pfadfinderbund Deutsch-
        lands. (JPD).

1935   Fichte-Gymnasium, Berlin-Wilmersdorf.

1938   Abitur am Berliner Fichte-Gymnasium. Ablehnung
        des Immatrikulationsgesuches durch die Universität
        Berlin. Lehrling in der Firma Juan Casparius, Export,
        Berlin-Charlottenburg. Ende Oktober Verhaftung und
        Deportation nach Polen.

1939	Nach der Einnahme der Stadt Warschau durch die Wehrmacht Anstellung in der Jüdischen Gemeinde als deutscher Übersetzer.
1940	Die Jüdische Gemeinde wird in den »Judenrat« umgestaltet. Gründung des »jüdischen Wohnbezirks«. Leiter des Korrespondenz- und Übersetzungsbüros des Judenrats.
1941	Mitarbeiter des Ghetto-Untergrundarchivs (Ringelblum-Archiv).
1942	Am 22. Juli Beginn der Deportation aus dem Warschauer Ghetto. Heirat mit Teofila, geborene Langnas.
1943	Teilnahme an Widerstandsaktivitäten. Zusammen mit der Ehefrau Flucht aus dem Ghetto (Februar).
1944	Befreiung durch die Sowjetische Armee (September). Zusammen mit der Ehefrau freiwilliger Eintritt in die Polnische Armee. Einsatz bei der militärischen Postzensur (Oktober).
1945	Hauptamt für Kriegszensur in Warschau.
1946	Polnische Militärmission in Berlin (Januar bis April). Ab April im Polnischen Geheimdienst (Auslands-Nachrichtendienst). Beitritt zur Kommunistischen Partei Polens.
1947	Weiterhin im Auslands-Nachrichtendienst und zugleich im Außenministerium.
1948	Polnischer Vizekonsul in London (als Marcel Ranicki), später Konsul. Geburt des Sohnes Andrzej Alexander (30. Dezember).
1949	Abberufung aus London auf eigenen Wunsch (November). Rückkehr nach Warschau.
1950	Inhaftierung. Entlassung aus dem Auswärtigen Dienst und aus dem Geheimdienst. Ausschluß aus der Kommunistischen Partei (März). Anstellung beim Verlag des Verteidigungsministeriums als Lektor für deutsche Literatur.

1951	Erste Veröffentlichungen in der Warschauer Wochenzeitung *Nowa Kultura*.
1952	Freier Schriftsteller in Warschau. Beginn der regelmäßigen Zusammenarbeit mit der Monatszeitschrift *Twórczosc*.
1953	Generelles Publikationsverbot ab März.
1954	Aufhebung des Publikationsverbots (Oktober).
1955	*Aus der Geschichte der deutschen Literatur 1871–1954* (in polnischer Sprache).
1956	Erster Besuch in der DDR (Mai). Teilnahme an der Internationalen Heine-Konferenz in Weimar (Oktober).
1957	*Die Epik der Anna Seghers* (in polnischer Sprache). Erster Besuch in der Bundesrepublik.
1958	Reise in die Bundesrepublik (Juli) zu »Studienzwecken«. Ständiger Wohnsitz: Frankfurt/M. Name jetzt: Marcel Reich-Ranicki. Beginn der Zusammenarbeit mit der *Frankfurter Allgemeinen Zeitung*, der *Welt* und mehreren Rundfunksendern. Erstmalige Teilnahme an einer Tagung der »Gruppe 47«.
1959	Umzug nach Hamburg
1960	Ab Januar ständiger Mitarbeiter der *Zeit* (bis Ende 1973). Anthologie *Auch dort erzählt Deutschland* (erste westdeutsche Sammlung der Prosa von DDR-Autoren).
1962	Anthologie *Sechzehn Polnische Erzähler*.
1963	*Deutsche Literatur in West und Ost*.
1964	Zusammen mit Hans Mayer Rundfunk-Serie »Das literarische Kaffeehaus« (bis 1967).
1965	*Literarisches Leben in Deutschland*. – Mitarbeiter der *Encyclopedia Britannica* (bis 1972).
1966	*Wer schreibt, provoziert*.
1967	*Literatur der kleinen Schritte*.
1968	Gastprofessur an der Washington University in St. Louis (USA).

1969	Gastprofessor am Middlebury College (USA).
1970	*Lauter Verrisse.*
1971	Ständiger Gastprofessor für Neue Deutsche Literatur an den Universitäten Stockholm und Uppsala (bis 1975).
1972	Ehrendoktor der Universität Uppsala. Vortragsreise nach Australien und Neuseeland.
1973	*Über Ruhestörer. Juden in der deutschen Literatur.* – Lehrauftrag für Literaturkritik an der Universität Köln. Umzug nach Frankfurt. Leiter der Redaktion für Literatur und literarisches Leben (bis Ende 1988) in der *Frankfurter Allgemeinen Zeitung.*
1974	Honorarprofessor an der Universität Tübingen. Start der wöchentlichen FAZ-Rubrik *Frankfurter Anthologie*, bis heute deren verantwortlicher Redakteur. Buchausgabe bisher 27 Bände.
1976	Heine-Plakette.
1977	*Nachprüfung. Aufsätze über deutsche Schriftsteller von gestern.* – Mitinitiator des Klagenfurter Wettbewerbs um den Ingeborg-Bachmann-Preis (Sprecher der Jury bis 1986). Sammelband: *Ludwig Börne. Aufsätze über Literatur.*
1979	*Entgegnung. Zur deutschen Literatur der siebziger Jahre.* Vortragsreise nach China.
1981	Ricarda Huch-Preis. – Edition: *Wolfgang Koeppen: Die elenden Skribenten.*
1982	Sammelband: *Meine Schulzeit im Dritten Reich.*
1983	Edition: Alfred Polgar, *Kleine Schriften* (6 Bände – erschienen bis 1986). – Wilhelm Heinse-Medaille der Akademie der Wissenschaften und der Literatur in Mainz.
1984	Zweiteiliges Fernseh-Gespräch als *Zeuge des Jahrhunderts.* Interviewer: Joachim Fest. – Goethe-Plakette der Stadt Frankfurt am Main.
1985	*Lauter Lobreden.*

1986	*Mehr als ein Dichter. Über Heinrich Böll.* – Edition: Wolfgang Koeppen, *Gesammelte Werke.* 6 Bände.
1987	*Thomas Mann und die Seinen.* – Thomas Mann-Preis.
1988	»Literarisches Quartett« im Zweiten Deutschen Fernsehen bis Dezember 2001.
1989	»Bambi«-Kulturpreis. Dreibändige Sammlung: *Romane von gestern – heute gelesen* (erschienen bis 1990).
1990	*Thomas Bernhard.*
1991	*Max Frisch. – Ohne Rabatt. Über Literatur aus der DDR.* – Heinrich Hertz-Gastprofessur an der Universität Karlsruhe. Bayerischer Fernsehpreis. *Reden auf Hilde Spiel.*
1992	*Günter Grass.* – Ehrendoktorwürde der Universitäten Augsburg und Bamberg. – *Der doppelte Boden.* Ein Gespräch mit Peter von Matt. *Goethe: Verweile doch.* Anthologie. 111 Gedichte mit Interpretationen.
1993	Titelfigur beim »Spiegel« (Titelseite: »Der Verreißer«).
1994	*Die Anwälte der Literatur. – Martin Walser.* – Sommerdebatte in deutschen Zeitungen über die Tätigkeit des Kritikers im polnischen Geheimdienst vor rund 50 Jahren. – Rede über das eigene Land (November). *Ohne Absicht.* Gespräch mit Wolfgang Koeppen.
1995	Ludwig Börne-Preis. – *Vladimir Nabokov.*
1996	Cicero-Rednerpreis. – *Drei Reden.* – Anthologie: *Rilke: Und ist ein Fest geworden.* 33 Gedichte mit Interpretationen. *Ungeheuer oben.* Über Bertolt Brecht. – *Wolfgang Koeppen.*
1997	Rede auf dem Neujahrsempfang der Stadt Frankfurt am Main im Kaisersaal des Römers. – Ehrendoktorwürde der Heinrich-Heine-Universität Düsseldorf. – *Der Fall Heine.* Anthologie: *Heine: Ich hab im Traum geweinet.* 44 Gedichte mit Interpretationen.
1998	*Über Hilde Spiel.* Anthologie: *Frauen dichten anders.* 181 Gedichte mit Interpretationen.

1999   *Mein Leben.*

2000   Hölderlin-Preis. – Enthusiasten der Literatur: *Golo*
        Mann im Gespräch mit Marcel Reich-Ranicki. Ein
        Briefwechsel. – Anthologie: *Hundert Gedichte des*
        Jahrhunderts.

2001   Ehrendoktorwürde der Universität Utrecht. – *Vom*
        Tag gefordert. Reden in deutschen Angelegenheiten. –
        Anthologie: *Ein Jüngling liebt ein Mädchen.* Deutsche
        Gedichte und ihre Interpretationen.

2002   Ehrendoktor der Universität München. – Goethe-
        Preis. – Großes Verdienstkreuz mit Stern. *Erst leben,*
        dann spielen. Über polnische Literatur. – *Sieben*
        Wegbereiter. Schriftsteller des 20. Jahrhunderts. –
        Goethe noch einmal. – Anthologie: *1400 deutsche*
        Gedichte und ihre Interpretationen. – Der Kanon.
        Die deutsche Literatur. Romane. (20 Bände). – *Kritik*
        als Beruf. Gespräche mit Marcel Reich-Ranicki. –
        Über Literaturkritik. – Lauter schwierige Patienten.
        Gespräche mit Peter Voß über Schriftsteller des
        20. Jahrhunderts. – Sendung im ZDF »*Reich-Ranicki*
        Solo. Polemische Anmerkungen«. – Anthologie:
        Bertolt Brecht: *Der Mond über Soho.* 66 Gedichte mit
        Interpretationen.

2003   *Meine Bilder.* Porträts und Aufsätze. – *Meine Gedichte*
        von Walther von der Vogelweide bis heute. – Meine
        Geschichten von Johann Wolfgang von Goethe bis
        heute. – Der Kanon. Die deutsche Literatur. Erzählun-
        gen (10 Bände). – Unser Grass. – Jüdisches Museum
        Frankfurt: Ausstellung *Die Sammlung Reich-Ranicki:*
        Schriftstellerporträts aus zwei Jahrhunderten.

2004   *Capo-Circeo-Preis* der Vereinigung für Italienisch-
        Deutsche Freundschaft. – Europäischer Kulturpreis:
        Medien- und Kommunikationspreis. – *Der Kanon.*
        Die deutsche Literatur. Dramen (8 Bände). – Über

Amerikaner. Von Hemingway und Bellow bis Updike und Philip Roth.

2005   Biographie von Uwe Wittstock *Marcel Reich-Ranicki. Die Geschichte eines Lebens.* – Erweiterte Neuausgabe *Thomas Mann und die Seinen.* – *Hundert Jahre Deutschland* – DVD-Edition der *Frankfurter Allgemeinen Zeitung* und des *SPIEGEL TV*: *Der Holocaust.* Gespräch mit Frank Schirrmacher und Stefan Aust. – Schulbuchausgabe *Mein Leben.* Herausgegeben, kommentiert und mit einer Einleitung von Volker Hage. – *Begegnungen mit Marcel Reich-Ranicki.* Herausgegeben von Hubert Spiegel. – *Der Kanon* – Die deutsche Literatur. *Lyrik.*